우리가 매일 쓰는 이 입말, 스페인어로 어떻게 말할까요?

스페인네이티브가 가장 많이쓰는 스페인어 표현 BEST

스페인네이티브가 가장 많이쓰는
스페인어표현 BEST

초판1쇄발행　2010년　2월　10일
초판3쇄발행　2016년　12월　20일

저　　자　임보영, Francisco Bermúdez Huertas 공편
발 행 인　윤우상
책임편집　최다연, 윤병호
발 행 처　송산출판사
주　　소　서울특별시 서대문구 홍제4동 104-6
전　　화　(02)735-6189
팩　　스　(02)737-2260
홈페이지　http://www.songsanpub.co.kr
등록일자　1976년 2월 2일, 제 9-40호

ISBN　978 - 89 - 7780 - 140 - 0　13770

우리가 매일 쓰는 이 입말, 스페인어로 어떻게 말할까요?

스페인네이티브가 가장 많이쓰는 스페인어 표현 BEST

임보영, Francisco Bermúdez Huertas 공편

송산출판사

머리말

'정열의 나라, 투우, 살사, 축구, 20개국 4억 이상 인구...' 이들의 공통점은? 바로 스페인어다.

최근 몇 년 사이 스페인 여행이나 체류 경험담을 담은 책들이 인기를 더해가며 스페인어에 대한 관심이 부쩍 늘어나고 있다. 또한, 중남미가 FTA 협상이나 자원외교를 통해 우리나라의 중요한 협력 파트너로 급부상하며 스페인어의 중요성 또한 부각 되고 있다.

'스페인어권 사람들은 이 말을 어떻게 표현할까?' 라는 의구심은 스페인어를 배우는 이들이라면 누구든 한 번쯤 가져봤을 만한 질문이다. 결론부터 내리자면 그들도 표현의 방법에만 차이가 있을 뿐 의미상 우리말과 일맥상통하는 표현을 사용하고 있다. 이 책은 그러한 의구심을 해결하는 데 도움을 주고자 기획되었다. 우선 네티즌을 상대로 입에 자주 오르내리는 우리말 표현을 수집하고 그 가운데 1,000개 문장을 선정했으며, 이를 표본으로 스페인어를 학습하고 있는 일반인들을 대상으로 베스트 표현 300개를 뽑아 1위부터 300위까지 순위를 정했다.

교실에서 배우는 어렵고도 늘 똑같은 표현에 지루한 이는 이 책을 보라! 어쩌면 지금까지 느끼지 못했던 스페인어의 매력에 흠뻑 젖어 볼 수 있을 것이다. 실생활에서 많이 사용되는 표현들이 상황 설정과 함께 간단명료하게 정리되어 있어 누구나 쉽게 이를 활용 할 수 있을 것이다.

학습한 내용을 다시 한 번 네이티브의 현지 발음을 들으면서 복습할 수 있도록 모든 문장이 현지인의 정확한 발음으로 녹음된 MP3 CD를 부록으로 제공하였다. 일상생활에서 흔히 쓰는 표현들을 담아놨기 때문에 무엇보다 활용도가 높은 것이 이 책이 지닌 가장 큰 매력이다.

처음 스페인어를 접하는 사람이라면 복잡한 동사변화라든지 우리말에는 없는 관사나 성·수 일치 같은 문법들이 커다란 장애물로 느껴질 수도 있겠으나 언어란 모름지기 끈기를 필요로 한다. 또한, 스페인어는 발음체계가 쉽다는 강점을 갖고 있다. 반복해서 듣고, 소리 내 말하고, 통째로 암기해 버린다면 어느 순간 환하게 웃고 있는 자신을 발견할 수 있을 것이다.

스페인어를 사랑하는 모든 이들에게 이 책이 도움이 되기를 바라며, 더욱 더 많은 이들이 스페인어의 매력에 빠지기를 바라는 바이다.

마지막으로 이 교재의 출판을 허락해 주시고 많은 도움을 주신 윤우상사장님, 윤병호 과장, 최준명 대리에게 고마움을 전하고 싶다.

2010. 1. 20

편저자

이 책은 이런 점이 좋아요!

1. 우리가 매일 쓰는 우리말 표현을 수집하여 1000개를 선정했습니다.

선정한 1000개를 스페인어를 학습하는 중학생, 고등학생, 대학생, 스페인어 교사, 일반인을 표집하여 설문조사 했습니다. 설문을 통해 우리가 매일 쓰는 입말 중에서 스페인어로 가장 궁금한 표현 BEST 300개를 뽑아서 [1위부터 300위] 순위를 선정했습니다.

2. 정말 알고 싶은 스페인어 표현을 재미있고 가볍게 익힐 수 있습니다.

표제어에 맞는 상황을 제시하고 간단한 대화내용을 함께 수록하여 확실한 어감을 익힐 수 있도록 했습니다.

3. 표제어 순위를 한눈에 볼 수 있도록 목차를 구성했습니다.

표제어 순위를 12개씩 배치하여 본문내용을 쉽고 간단하게 접할 수 있습니다. 하루에 30분 투자로 효과적인 학습이 가능합니다.

4. 한국어 - 스페인어 동시녹음 하였습니다.

녹음을 듣기만 하여도 자연스런 스페인어표현을 익힐 수 있습니다. 대화문에서 표제어를 반복함으로써 상황에 맞는 대화를 미리 접할 수 있습니다.

5. 가나다색인

부록편의 우리말색인으로 바로 찾아 스페인어를 확인할 수 있도록 가나다순으로 배열하였습니다.

스페인 네이티브가 가장 많이 쓰는 스페인어 표현 BEST

학습방법

Step1 전체 내용을 읽으면서 살아있는 언어표현을 느껴보세요.

이 책은 우리가 일상생활에서 매일 서로 주고받는 말 중에서 쉽고 유용한 표현 내용을 담고 있습니다. 학습자는 먼저 소설 읽듯이 처음부터 끝까지 한 번 쭉 읽어보는 것이 가장 중요 합니다. 스페인어 표현 BEST 순위를 보면서 네이티브의 어감을 느껴보세요.

Step2 스페인 네이티브처럼 스페인어로 말해보세요.

우리말 표현을 보고 떠오르는 대로 아는 단어와 표현을 모두 떠올려서 스페인어로 말해보세요. 그 후에 스페인어 표현을 보고 어떤 의미인지 생각해봅니다. 마음에 드는 표현들은 달달 외워서 말해보거나, 그때그때 말하고 싶었던 표현들만 따로 모아서 노트에 정리하고 익혀서 네이티브처럼 말하세요.

Step3 MP3를 듣고 큰소리로 말해보세요.

자신의 목소리를 느낄 수 있을 정도로 용기 있게 큰소리를 내어 문장을 읽어보세요. 입을 신나게 움직이고 큰소리 내어 연습해야 어떤 상황에서도 바로 말할 수 있습니다. 네이티브 음성의 MP3를 듣고 비슷한 발음을 내도록 꾸준히 반복하여 듣고 따라 말해보세요. 큰소리로 말하는 것은 상당히 효과적이어서 발음도 좋아지고 청취력도 향상될 것입니다.

Step4 하루에 딱 30분만 받아쓰기를 활용하세요.

네이티브가 일상에서 자주 쓰는 표현 BEST 300을 하루에 딱 30분만 듣고 받아쓰기 해보세요. 받아쓰기는 그 날 암기한 내용을 스스로 확인해 볼 수 있고, 암기한 표현을 자신 있게 말할 수 있는 지름길입니다.

일러두기

1. 본 책은 설문을 통해 우리가 매일 쓰는 입말 중에서 스페인어로 가장 궁금한 표현 BEST 300개를 뽑아서 1위부터 300위까지 순위를 선정했다. 그리고 12개씩 표제어를 묶었다. 본문내용은 짝수페이지는 상황제시 표제어, 대화문 해석을 수록하였다. 홀수페이지는 스페인어 표제어와 대화문을 수록함으로써 확실한 어감을 익힐 수 있도록 하였다.

2. 스페인어는 우리말과 달리 성·수 일치란 문법이 있기 때문에 모든 표제어는 문맥에 따라 바뀔 수 있음을 유의해야 한다. 그러나 본 책에서는 화자나 청자의 성에 상관없이 어느 상황에서나 사용할 수 있을 만한 표현을 사용하려 노력했고 불가피한 경우에는 구체적인 대화 내용에 맞춰 표제어를 표현했다. 동시에 남, 녀간의 대화에 맞게 문장의 남, 녀 성 일치를 적용했음을 유의하기 바란다.

진짜 최고야!	주어가 남성인 경우	Es buenísimo.
	주어가 여성인 경우	Es buenísima.
첫눈에 반했어.	반한 상대가 남성일 경우	Me enamoré de él a primera vista.
	반한 상대가 여성일 경우	Me enamoré de ella a primera vista.
지루했어.	주어가 남성인 경우	Fue aburrido.
	주어가 여성인 경우	Fue aburrida.
왜 만날 그 모양이니?	주어가 2인칭 단수인 경우	¿Por qué eres así siempre?
	주어가 2인칭 복수인 경우	¿Por qué sois así siempre?

3. 문화적인 차이로 인해 설명이 필요한 부분엔 별도의 해설을 첨부했다.

Ex) 왜 콜라 안 마셔? 콜라 안 좋아해?
- ¿Por qué no tomas **Coca Cola**?¿No te gusta la Coca Cola?
우리나라와 달리 스페인어권 국가에서는 콜라라 하지 않고 Coca나 Pepsi등의 브랜드 네임을 따 부른다.

4. 친한 사이에 이루어지는 대화인 경우에는 **Tú**를 '~요.' 나 '~니다.' 로 끝나는 문장은 Usted을 주어로 삼았다.

5. 스페인어를 모국어로 하는 나라가 다수인만큼 사용하는 용어도 나라마다 조금씩 다른 경우가 있다. 인칭에 따른 동사 변화도 예외는 아니다. 이 책에서는 스페인에서 사용되는 동사변화를 기준으로 했다.

Ex) 너희 둘 덕분이야. - Todo ha sido gracias a **vosotros**.
너희 둘 뭐하고 있어? - ¿**Vosotros** dos qué **estáis** haciendo?

차례

차례

차례

181위 – 192위 BEST 표현 170

181 잘난 척 그만해!
182 우린 천생연분이야.
183 너희 둘 사귀니?
184 흔들리면 안 돼.
185 맘껏 드세요.
186 우리는 친한 사이야.
187 그럴 기분 아니야.
188 밤새 펑펑 울었어.
189 똑바로 해!
190 조금만 참고 견뎌봐.
191 귀찮게 좀 하지 마.
192 만나 뵙게 되어 영광입니다.

193위 – 204위 BEST 표현 180

193 내가 곁에 있잖아.
194 지금 시비 거는 거니?
195 난 네 타입이 아니야.
196 내가 계산할게.
197 내가 사과할게.
198 네가 나한테 어떻게 그럴 수 있니?
199 친구 좋다는 게 뭐야?
200 누구 점찍어 둔 사람 있니?
201 다리에 쥐났어.
202 너무 미련 갖는 거 아니야?
203 하늘만큼 땅만큼 사랑해.
204 가위 눌렸어.

205위- 216위 BEST 표현 190

205 김이 다 빠졌네.
206 기운이 하나도 없어.
207 면목 없습니다.
208 속이 좀 안 좋아.
209 줄 서세요!
210 눈이 부었어.
211 신중하지 못했어.
212 빈둥거리지 마.
213 드디어 이상형을 만났어.
214 걔들은 단짝이야.
215 삼각관계
216 우린 서로 전기가 통했어.

차례

차례

스페인 네이티브가 가장 많이 쓰는 스페인어 표현 BEST

1위 – 12위

001위 배터리가 없었어.

002위 기분 짱이야!

003위 죽도록 사랑해.

004위 이거 요즘 한창 인기잖아.

005위 완전 망신당했어.

006위 너무 실망하지 마.

007위 그 말 진짜지?

008위 좋은 아이디어가 떠올랐어.

009위 원 샷!

010위 밤새 한숨도 못 잤어.

011위 존경스러워.

012위 열 받아 죽겠네.

1위 – 12위

001위	Se me había acabado la batería.
002위	Me siento de maravilla.
003위	Te amo a morir.
004위	En estos días es muy popular.
005위	Fue muy vergonzoso.
006위	No te desanimes.
007위	¿Me lo prometes?
008위	Tengo una magnífica idea.
009위	¡Con un trago!
010위	No he dormido nada en toda la noche.
011위	Es admirable.
012위	Me enfurece.

001위 휴대전화로 연락이 잘 안될 때

배터리가 없었어.

- 오전에 전화 했는데 핸드폰이 꺼져 있더라, 왜 꺼놨어?
- 배터리가 없었어, 어제 핸드폰 충전을 깜박했거든.

002위 어떤 일로 마음이 흡족할 때

기분 짱이야!

- 나 오늘 기분 짱이야! 왠지 알아?
- 글쎄, 복권이라도 당첨 됐어?

003위 연인 사이에 사랑한다고 말할 때

죽도록 사랑해.

- 너는 만날 나를 너무나 사랑한다고 하는데, 난 도무지 모르겠어.
- 죽도록 사랑해. 믿어줘.

스페인 네이티브가 매일 쓰는 이 말

이해할 수 있나요?

001위 Se me había acabado la batería.

- Te llamé por la mañana pero tenías el móvil apagado. ¿Por qué lo tenías apagado?
- Se me había acabado la batería. Ayer olvidé recargar el móvil.

002위 Me siento de maravilla.

- Hoy me siento de maravilla. ¿Sabes por qué?
- ¿Por qué? ¿Te ganaste la lotería?

003위 Te amo a morir.

- Tú siempre me dices que me amas mucho pero yo la verdad no te entiendo.
- Te amo a morir. Créeme.

004위 방송의 트랜드를 얘기할 때

이거 요즘 한창 인기잖아.

- 이 프로그램 본 적 있니?
- 이거 요즘 한창 인기잖아. 넌 본 적 없어?

005위 어떤 일이나 상황에서 실수로 인해 창피함을 당했을 때

완전 망신당했어.(속어: 쪽 팔렸다)

- 너 오늘 왜 이렇게 우울해?
- 프레젠테이션 하다가 큰 실수를 했어. 완전 망신당했어.

006위 어떤 것 때문에 너무 낙담하지 말라고 할 때

너무 실망하지 마.

- 이번 시험 완전 망쳤어, 그 동안 정말 열심히 했는데.
- 너무 실망하지 마. 다음에 잘 보면 돼지.

004위 En estos días es muy popular.

- ¿Has visto este programa?
- Sí, en estos días es muy popular. ¿Tú no lo has visto?

005위 Fue muy vergonzoso.

- ¿Por qué estás tan deprimido hoy?
- Durante la presentación cometí un gran error.
  Fue muy vergonzoso.

006위 No te desanimes.

- Había estudiado mucho pero no me fue bien en este examen.
- No te desanimes. Te irá bien en el próximo.

007위 상대방의 말을 확인할 때

그 말 진짜지?

- 네가 마르꼬의 핸드폰 번호를 알아봐주면 내가 저녁 쏠게.
- 그 말 진짜지? 근사한 곳에 가서 한턱 내!

008위 어떤 일을 해결할 만한 좋은 생각이 났을 때

좋은 아이디어가 떠올랐어.

- 이번 과제 어떻게 하지?
- 좋은 아이디어가 떠올랐어. 이렇게 하면 어떨까?

009위 술자리에서

원 샷!

- 우리의 우정을 위하여! 원 샷!
- 건배!

007위 ¿Me lo prometes?

- Si me consigues el número del móvil de Marco, te invito a cenar.
- ¿Me lo prometes? Pero me invitas a un restaurante elegante.

008위 Tengo una magnífica idea.

- ¿Ya has pensado en cómo hacer la tarea?
- Tengo una magnífica idea.
  ¿Qué tal si lo hacemos de esta manera?

009위 ¡Con un trago!

- Brindemos por nuestra amistad. ¡Con un trago!
- ¡Salud!

010위 어떤 일로 인해 밤을 샜을 때

밤새 한숨도 못 잤어.

- 어제 과제하느라 밤새 한숨도 못 잤어.
- 그렇구나, 어쩐지 너 오늘 다크서클 생겼더라.

011위 대단함을 표현할 때

존경스러워.

- 걔 이번 시험에서 또 1등 했데, 거기다 국가 장학금도 받았데.
- 정말 대단하다! 존경스러워.

012위 친구 지간에 화났을 때 쓰는 말

열 받아 죽겠네!

- 진짜 열 받아 죽겠네! 왜 남의 의견을 하나도 듣지 않는 거야!
- 지금 나한테 훈계하는 거야? 넌 그럴 자격 없어!

1–12
13–24
25–36
37–48
49–60

010위 No he dormido nada en toda la noche.

- Por hacer la tarea no he dormido nada en toda la noche.
- Con razón tienes ojeras.

011위 Es admirable.

- Nuevamente, ese estudiante fue el primero en el examen.
  Además consiguió una beca del gobierno.
- ¡Qué maravilla! Es admirable.

012위 Me enfurece.

- Tu actitud realmente me enfurece.
  ¿Por qué no escuchas las opiniones de los demás?
- ¿Me estás aleccionando?
  Tú no tienes ese tipo de autoridad conmigo.

13위 - 24위

013위	진짜 최고야!
014위	꿈 깨라 꿈 깨!
015위	첫눈에 반했어.
016위	이메일 주소를 문자로 보내줘.
017위	핸드폰 진동으로 바꿔.
018위	내 꿈 꿔.
019위	너 제정신이니?
020위	눈코 뜰 새 없이 바빴어.
021위	진짜 짜증나!
022위	내게 고마워할 것까지는 없어.
023위	뭐가 뭔지 하나도 모르겠어.
024위	사돈 남 말 하시네.

13위 - 24위

013위	Realmente es buenísima.
014위	Deja de soñar.
015위	Me enamoré de ~ a primera vista.
016위	Envíame por mensaje de texto la dirección de tu correo electrónico.
017위	Fija tu móvil en vibrador.
018위	Que sueñes conmigo.
019위	¿Estás bien de la cabeza?
020위	No tengo tiempo ni para un respiro.
021위	Realmente me fastidias.
022위	No es necesario que me lo agradezcas.
023위	No entiendo nada de nada.
024위	Tú no te quedas tan atrás.

013위 굉장히 재미있고 감동적인 영화나 책을 봤을 때
주변 사람들에게 추천하면서 쓸 수 있는 말

진짜 최고야!

- 지난주에 《러시아워》 봤다며? 어땠어?
- 응, 정말 재미있어, 진짜 최고야!

014위 일확천금을 꿈꾸는 친구에게

꿈 깨라 꿈 깨!

- 아, 로또 1등 당첨되면 진짜 좋겠다.
- 꿈 깨라 꿈 깨!

015위 누군가에게 반했을 때

첫눈에 반했어.

- 나 리사가 너무 좋아. 첫눈에 반했어.
- 정말? 리사한테 사랑 고백했어?

013위 Realmente es buenísima.

- Supe que has visto la película 《Rush Hour》. ¿Qué tal estuvo?
- Sí la vi, es muy entretenida. Realmente es buenísima.

014위 Deja de soñar.

- Me gustaría sacarme el premio gordo de la lotería.
- Deja de soñar.

015위 Me enamoré de ~ a primera vista.

- Me gusta mucho Lisa. Me enamoré de ella a primera vista.
- ¿En serio? ¿Y ya le has confesado tu amor?

해설: '~' 자리에 첫눈에 반한 상대를 넣어주면 문장이 완성된다.

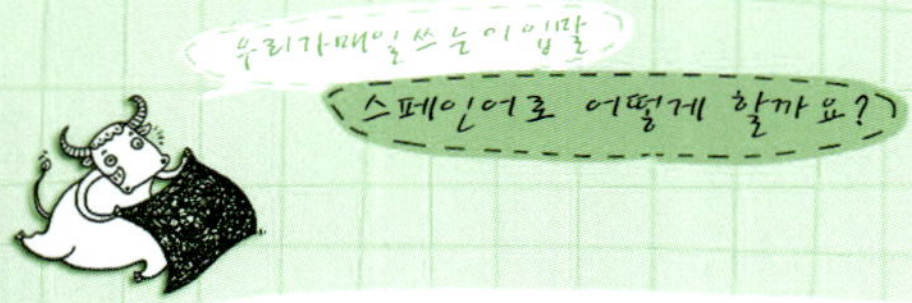

016위 이메일 주소를 알고 싶을 때

이메일 주소를 문자로 보내줘.

- 선생님께서 보내주신 자료 다 받았지? 그 자료 나한테 보내줄래
- 그래, 이따가 이메일 주소를 문자로 보내줘, 내가 보내줄게.

017위 핸드폰 소리를 진동으로 바꿔야 할 때

핸드폰 진동으로 바꿔.

- 영화 곧 시작한다. 핸드폰 진동으로 바꿔.
- 벌써 바꿔놨어.

018위 연인 간에 잠자리 들기 전 통화 마지막 말

내 꿈 꿔.

- 늦었다. 난 자야겠어. 잘 자.
- 나도 잘래, 내 꿈 꿔.

016위 Envíame por mensaje de texto la dirección de tu correo electrónico.

- ¿Has recibido el archivo que te envió el profesor? ¿Me lo puedes enviar?
- Vale, envíame por mensaje de texto la dirección de tu correo electrónico y te lo mando.

017위 Fija tu móvil en vibrador.

- Ya está por empezar la película. Fija tu móvil en vibrador.
- Ya lo hice.

018위 Que sueñes conmigo.

- Ya es tarde. Ya me voy a acostar. Que descanses.
- También ya voy a dormir. Que sueñes conmigo.

우리가 매일 쓰는 이 입말
스페인어로 어떻게 할까요?

019위 친한 친구사이에 상대방의 생각이 이해가 되지 않을 때

너 제정신이니?

- 나 학교 그만두기로 했어.
- 너 제 정신이니? 6개월만 더 다니면 졸업인데.

020위 매우 바빴음을 표현하는 말

눈코 뜰 새 없이 바빴어.

- 오랜만이다, 너 뭐하고 지냈니?
- 그 동안 회사 일이 너무 많아서 눈코 뜰 새 없이 바빴어.

021위 반복된 일이나 질문으로 인해 기분이 상했을 때

진짜 짜증나!

- 이건 어떻게 읽어야 돼? 아까 "ai" 라고 했지?
- 몇 번이나 물어보는 거야, 진짜 짜증나!

1–12
13–24
25–36
37–48
49–60

019위 ¿Estás bien de la cabeza?

- He decidido dejar los estudios.
- ¿Estás bien de la cabeza?
  Sólo te faltan seis meses para graduarte.

020위 No tengo tiempo ni para un respiro.

- ¡Tanto tiempo! ¿Qué has hecho?
- He tenido mucho trabajo en la oficina, no tengo tiempo ni para un respiro.

021위 Realmente me fastidias.

- ¿Esta letra cómo se pronuncia?
  Me habías dicho que se dice "ai", ¿verdad?
- ¡Cuántas veces me lo preguntas! Realmente me fastidias.

022위 내 호의에 감사해 하는 사람에게

내게 고마워할 것까지는 없어.

- 선배님, 이번에 선배님 도움 많이 받았어요.
- 내게 고마워할 것까지는 없어. 네가 열심히 노력한 결과잖아.

해설: 서양에는 '선배', '후배'의 개념이 없다. Estimado colega, Estimado compañero 혹은 상대의 이름을 부르면 된다.

023위 여러 일이나 상황으로 인해 심경이 복잡할 때

뭐가 뭔지 하나도 모르겠어.

- 도대체 무슨 일이 있었는지 나한테 얘기해줘, 울고 있지만 말고.
- 아무것도 모르겠어, 지금 뭐가 뭔지 하나도 모르겠어.

024위 제 잘못은 제쳐두고 남의 잘못만 나무랄 때

사돈 남 말 하시네.

- 마리아 걔 술 너무 자주 마시는 거 아냐?
- 사돈 남 말 하시네, 너는 매일 마시잖아.

1–12
13–24
25–36
37–48
49–60

022위 No es necesario que me lo agradezcas.

- Estimado colega, esta vez he recibido mucha ayuda de usted.
- No es necesario que me lo agradezcas, pues el buen resultado ha sido por tu esfuerzo.

023위 No entiendo nada de nada.

- Por el amor de Dios, ¿me puedes decir qué te ha pasado, en vez de seguir llorando?
- No lo sé, no entiendo nada de nada.

024위 Tú no te quedas tan atrás.

- Últimamente María está tomando demasiado alcohol.
- Tú no te quedas tan atrás. También bebes a diario.

25위 - 36위

025위 문자로 알려줄게.

026위 다 티 난다.

027위 와우, 몸매 죽이는데!

028위 여기 무선 인터넷 쓸 수 있나요?

029위 깜박 속을 뻔 했네.

030위 너 공주병이구나?

031위 너 핸드폰 울려.

032위 간 떨어질 뻔했잖아!

033위 유행인가 봐.

034위 그거 싸구려야.

035위 바가지 썼네.

036위 저 여자 똥배 나온 것 좀 봐.

25위 – 36위

025위	Después te lo envío por mensaje de texto.
026위	Todo se te nota.
027위	¡Oh! ¡Qué cuerpazo!
028위	¿Aquí hay Internet inalámbrico?
029위	Casi me engañas.
030위	Te crees una princesa (un príncipe).
031위	Está sonando tu móvil.
032위	Casi me da un infarto.
033위	Parece que está de moda.
034위	Eso es una baratija.
035위	Te engañaron con el precio.
036위	Mira la panza que tiene ella.

025위 문자로 내용을 알려주고자 할 때

문자로 알려줄게.

- 며칠 전에 본 영화 제목이 뭐였더라?
- 기억이 안 나네. 내가 이따가 문자로 알려줄게.

026위 무엇인가 표정이나 행동에 너무 드러날 때

다 티 난다.

- 내가 그 사람 싫어하는 거 그렇게 티나?
- 그래, 다 티 난다. 넌 얼굴에 다 쓰여 있어.

027위 몸매가 좋은 남성 혹은 여성을 봤을 때

와우, 몸매 죽이는데!

- 와우, 저 여자 몸매 죽이는데!
- 그러게. 정말 완벽하다.

025위 Después te lo envío por mensaje de texto.

- ¿Cuál fue la película que vimos hace unos días?
- No lo recuerdo ahora.
  Después te lo envío por mensaje de texto.

026위 Todo se te nota.

- ¿Se nota mucho que detesto a esa persona?
- Sí, todo se te nota. Tu cara lo dice todo.

027위 ¡Oh! ¡Qué cuerpazo!

- ¡Oh! ¡Qué cuerpazo tiene esa mujer!
- ¡De veras! Tiene un cuerpo perfecto.

028위 어떤 장소에서 무선 인터넷이 사용 가능한지 물을 때

여기 무선 인터넷 쓸 수 있나요?

- 실례하지만 여기 무선 인터넷 쓸 수 있나요?
- 죄송하지만, 무선 인터넷 서비스는 제공되지 않습니다.

029위 상대가 한 말이 속아 넘어갈 만큼 그럴 듯 했을 때

깜박 속을 뻔 했네.

- 내일 너 회사 출근하래.
- 내일 쉬는 날 아냐? 아, 오늘 만우절 이지? 깜빡 속을 뻔 했네.

030위 여자가 공주처럼 예쁘다고 착각할 때

너 공주병이구나?

- 나 오늘 어쩜 이렇게 예쁘니!
- 너 공주병이구나?

028위 ¿Aquí hay Internet inalámbrico?

- Disculpe, ¿aquí hay Internet inalámbrico?
- Lo siento, no disponemos de Internet inalámbrico.

029위 Casi me engañas.

- Dicen que mañana debes ir a la oficina.
- ¿Mañana no es día de descanso?
  ¡Ah! Hoy es el Día de los inocentes. Casi me engañas.

030위 Te crees una princesa.

- ¡Ay! Me veo tan guapa hoy.
- Te crees una princesa.

031위 상대방의 전화가 오는 것을 알려줄 때

너 핸드폰 울려.

- 후안, 너 핸드폰 울려.
- 미안, 전화 좀 받아도 되지?

032위 깜짝 놀랐을 때

간 떨어질 뻔했잖아!

- 와! 너희들 뭐하고 있어?
- 깜짝이야! 간 떨어질 뻔했잖아!

033위 일시적으로 널리 퍼져 많은 사람들이 사용하는 분위기 일 때

유행인가 봐.

- 애들 옷 스타일이 거의 비슷비슷 해.
- 그러게. 저런 스타일이 유행인가 봐.

031위 Está sonando tu móvil.

- Juan, está sonando tu móvil.
- Perdón, ¿puedo contestar?

032위 Casi me da un infarto.

- ¡Huy! ¿Vosotros dos qué estáis haciendo?
- ¡Qué susto! Casi me da un infarto.

033위 Parece que está de moda.

- Todos se visten casi igual.
- Sí, parece que está de moda ese estilo.

034위 값이 싸거나 질이 낮은 물건을 말할 때

그거 싸구려야.

- 이 옷 좀 봐. 이 옷 어때?
- 그거 싸구려야. 사지 마.

035위 생각보다 너무 비싼 요금에

바가지 썼네.

- 이 컴퓨터 SS마트에서 3,000 빼소에 샀어.
- 바가지 썼네. 인터넷에서는 2,500빼소면 되거든, 마트에서 사면 확실히 비싸긴 한데, 이건 너무 비싸다.

036위 똥똥하게 나온 배를 보고

저 여자 똥배 나온 것 좀 봐.

- 저 여자 똥배 나온 것 좀 봐. 근데 어떻게 저런 원피스를 입을 수 있지?
- 그러게, 저 여자 집엔 거울도 없나봐.

034위 Eso es una baratija.

- Mira ésta. ¿Qué te parece esta ropa?
- Eso es una baratija. No la compres.

035위 Te engañaron con el precio.

- Esta computadora la compré en el mercado SS a tres mil pesos.
- Te engañaron con el precio. En Internet la consigues por 2500 pesos. Usualmente en el mercado es más caro, pero esto está demasiado caro.

036위 Mira la panza que tiene ella.

- Mira la panza que tiene ella.
  ¿Cómo se atreve a ponerse ese vestido?
- Sí, parece que no tiene ni un espejo en su casa.

37위 – 48위

037위 날이 푹푹 찐다.

038위 완전 바람둥이야.

039위 보지 마, 창피해!

040위 별로 안 땡기는데.

041위 말씀 많이 들었어요.

042위 저녁마다 헬스클럽 다녀.

043위 이 짓도 지겨워 죽겠어!

044위 그놈 얼굴 참 두껍다.

045위 오버하네.

046위 비밀이야.

047위 꼬박 밤 새웠어.

048위 미안해하지 마.

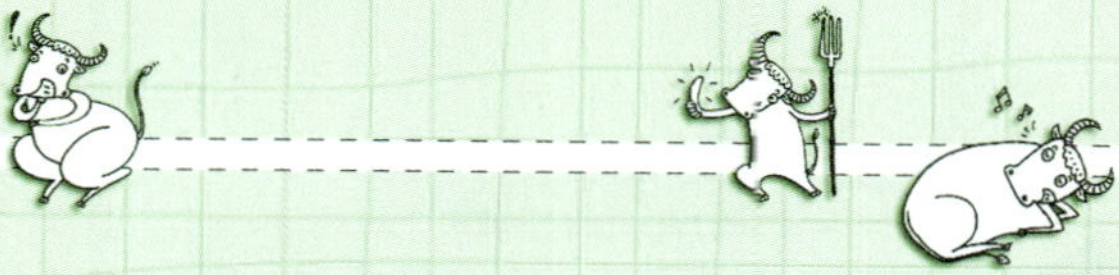

37위 – 48위

037위	Hace un calor sofocante.
038위	Es todo un mujeriego.
039위	No me mires, que me da vergüenza.
040위	No me dan ganas.
041위	He escuchado mucho de usted.
042위	Voy cada noche al gimnasio.
043위	Ya estoy harto de esto.
044위	¡Qué caradura es él!
045위	No seas exagerado.
046위	Es secreto.
047위	Me desvelé toda la noche.
048위	No hace falta que pidas disculpa.

037위 견디기 힘든 더위에

날이 푹푹 찐다.

- 요즘 거기 날씨 어때? 비 왔어?
- 아니, 날이 푹푹 찐다. 비라도 오면 시원할 텐데.

038위 곧 잘 바람을 피우는 사람

완전 바람둥이야.

- 그 사람 정말 괜찮아 보이는데. 어때?
- 네가 잘못 봤어. 그 사람 완전 바람둥이야.

039위 평소와 다른 행동으로 인해 어색하여 부끄러움을 느낄 때

보지 마, 창피해!

- 와우! 우리 말괄량이 오늘 치마 입었네.
- 보지 마, 창피해! 진짜 부끄럽단 말이야.

스페인 네이티브가 매일 쓰는 이 입말
이해할 수 있나요?

037위 Hace un calor sofocante.

- ¿Qué tal el clima por ahí? ¿Ha llovido?
- No, hace un calor sofocante. Si lloviera, refrescaría un poco.

038위 Es todo un mujeriego.

- Me parece buena persona. ¿Qué tal es?
- Te equivocas. Es todo un mujeriego.

039위 No me mires, que me da vergüenza.

- ¡Oh! Hoy mi traviesa se ha puesto falda.
- No me mires, que me da vergüenza.
  En serio me da vergüenza.

040위 그다지 마음이 내키지 않을 때

별로 안 땡기는데.

- 그럴 땐 기분 전환 삼아 신나게 노는 게 좋아. 노래방 어때?
- 글쎄, 별로 안 땡기는데.

041위 보고 싶었던 사람을 만나 반가움을 표현할 때

말씀 많이 들었어요.

- 만나 뵙게 돼서 반가워요. 말씀 많이 들었어요.
- 네, 저도 반갑습니다.

042위 건강을 위해 운동함을 얘기할 때

저녁마다 헬스클럽 다녀.

- 요즘 혈색 너무 좋다. 무슨 관리해?
- 아니, 그냥 저녁마다 헬스클럽 다녀.

040위 No me dan ganas.

- Cuando estás así, te convendría distraerte un rato para que te refresques la cabeza. ¿No quieres ir al karaoke?
- Pues, no me dan ganas.

041위 He escuchado mucho de usted.

- Mucho gusto en conocerle. He escuchado mucho de usted.
- Encantado.

042위 Voy cada noche al gimnasio.

- Últimamente te ves muy bien. ¿Haces algo en especial?
- No, nada en especial. Sólo voy cada noche al gimnasio.

043위 넌더리가 날 정도로 지루하고 싫을 때

이 짓도 지겨워 죽겠어!

- 주말에 스타벅스에서 알바 한다면서? 시간당 얼마 받니?
- 시간당 10 빼소야, 처음엔 그냥 용돈 벌려고 시작했는데, 이 짓도 지겨워 죽겠어!

044위 부끄러움을 모르고 염치가 없는 사람

그놈 얼굴 참 두껍다.

- 그 사람 여기가 어디라고 찾아 온 거야? 부끄럽지도 않나보지?
- 그놈 얼굴 참 두껍다, 쫓아버려!

045위 정도를 넘어서 야단스럽게 떠드는 사람을 보고

오버하네.

- 아야! 아파 죽겠네!
- 오버하네, 조금 부딪힌 것뿐이잖아.

043위 Ya estoy harto de esto.

- Escuché que trabajas los fines de semana en Starbucks. ¿Cuánto ganas por hora?
- Gano diez pesos por hora. Empecé el trabajo para cubrir mis gastos, pero ya estoy harto de esto.

044위 ¡Qué caradura es él!

- ¿Qué clase de lugar piensa que es éste? ¿Acaso no le da vergüenza?
- ¡Qué caradura es él! Sácalo de aquí.

045위 No seas exagerado.

- ¡Ay, qué dolor!
- No seas exagerado. Sólo fue un golpecito.

046위 타인에게 알려지고 싶지 않은 일일 때

비밀이야.

- 나 아까 마르꼬한테 고백 받았어. 쉿! 비밀이야. 너만 알아.
- 와, 잘됐네, 축하해. 아무한테도 말 안할게.

047위 어떤 일 따위로 밤을 샜을 때

꼬박 밤 새웠어.

- 컴퓨터 하느라 어제 꼬박 밤 새웠어. 피곤해 죽겠어.
- 뭐하느라고? 또 게임 한거야?

048위 나에 대해 마음이 편치 못하고 미안함을 느끼는 사람에게

미안해하지 마.

- 미안해, 그 서류가 너한테 그렇게 중요한건지 몰랐어.
- 아니야, 괜찮아. 미안해하지 마.

046위 Es secreto.

- Marco me acaba de confesar su amor. ¡Shhh! Es secreto. No le cuentes a nadie.
- ¡Oh! ¡Qué bien! ¡Felicidades! Te prometo no contarle a nadie.

047위 Me desvelé toda la noche.

- Por estar en el ordenador me desvelé toda la noche. Estoy muy cansado.
- ¿Haciendo qué? ¿Otra vez jugaste?

048위 No hace falta que pidas disculpas.

- Lo siento. No sabía que ese documento era tan importante para ti.
- No te preocupes, está bien. No hace falta que pidas disculpas.

49위 - 60위

049위	요즘도 바빠 죽을 지경이야.
050위	그 얘긴 꺼내지도 마!
051위	센스가 없어.
052위	군침이 도는군.
053위	넌 사진보다 실물이 예뻐.
054위	뱃살 좀 빼고 싶어.
055위	옷이 촌스러워.
056위	눈에 콩깍지가 씌었나 봐.
057위	걔는 입만 살았어.
058위	단골집이야.
059위	너무 야하네.
060위	걘 듣기 좋은 말만 해.

49위 – 60위

049위	Sigo demasiado ocupado estos días.
050위	Ni lo menciones.
051위	No tienes sentido común.
052위	Se me hace agua la boca.
053위	Te ves mejor en persona que en las fotos.
054위	Quiero bajar la panza.
055위	La ropa ya no es de moda.
056위	El amor es ciego.
057위	Habla hasta por los codos.
058위	Es mi restaurante favorito al que voy a menudo.
059위	Es demasiado sexy.
060위	Él siempre dice cosas agradables.

049위 너무 바쁜 일상을 표현할 때

요즘도 바빠 죽을 지경이야.

- 요즘은 좀 어때? 여전히 바빠?
- 요즘도 바빠 죽을 지경이야. 바빠서 밥 먹을 시간도 없어.

050위 그 문제는 민감하니까 꺼내지도 말라는 뜻으로

그 얘긴 꺼내지도 마!

- 떼레사랑 도대체 어떻게 된 거야? 어제까진 괜찮았잖아.
- 그 얘긴 꺼내지도 마! 그리고 그 이름도 더 이상 듣고 싶지 않아.

051위 융통성이 없어 답답한 사람을 보고

센스가 없어.

- 손님 오시는데 와인 한 병이라도 사오면 좋잖아. 센스가 없어.
- 그렇게 중요한 손님도 아닌데 뭘.

049위 Sigo demasiado ocupado estos días.

- ¿Qué tal estos días? ¿Sigues igual de ocupado?
- Sigo demasiado ocupado estos días.
  Ni siquiera tengo tiempo para comer.

050위 Ni lo menciones.

- ¿Qué ha pasado con Teresa? Todo iba bien hasta ayer.
- Ni lo menciones. Y de aquí en adelante no quiero escuchar nada de Teresa.

051위 No tienes sentido común.

- Tendremos un invitado y ni siquiera traes una botella de vino.
  No tienes sentido común.
- Pues, no es un invitado tan especial.

052위 식욕이 날 때

군침이 도는군.

- 와, 냄새 죽인다. 군침이 도는군.
- 내 솜씨가 보통이 아닌 걸 이제 알았지?

053위 사진이 실물보다 못하게 나왔을 때

넌 사진보다 실물이 예뻐.

- 사진에 있는 여자가 정말 너야? 넌 사진보다 실물이 예뻐.
- 그치. 난 사진이 잘 안 받아.

054위 다이어트에 관해 얘기하면서

뱃살 좀 빼고 싶어.

- 배가 너무 많이 나왔어. 뱃살 좀 빼고 싶어.
- 나도 다이어트 하고 싶은데, 우리 같이 운동하자.

052위 Se me hace agua la boca.

- ¡Oh! ¡Qué olor tan rico! Se me hace agua la boca.
- Ya te habrás dado cuenta de mis habilidades culinarias.

053위 Te ves mejor en persona que en las fotos.

- ¿En verdad eres la mujer de la foto?
  Te ves mejor en persona que en las fotos.
- ¿Sí, verdad? No soy muy fotogénica.

054위 Quiero bajar la panza.

- Tengo mucho estómago. Quiero bajar la panza.
- Yo también quiero hacer dieta.
  Vamos a hacer ejercicios juntos.

055위 어울린 맛과 세련됨이 없는 가게에서

옷이 촌스러워.

- 여기 옷이 촌스러워. 완전 아줌마 스타일이야.
- 시내 가자, 거긴 상점도 많고, 옷도 예쁘고, 저렴하기까지 해.

056위 사랑에 빠져 사람을 정확하게 보지 못함을 비유

눈에 콩깍지가 씌었나 봐.

- 후아나가 자기 남친 멋있다고 그러던데, 별로 못 생겼던데.
- 눈에 콩깍지가 씌었나 봐. 후아나 맘에 들면 그만이지 뭐.

057위 행동은 하지 않으면서 말은 청산유수인 사람을 일컬어

걔는 입만 살았어.

- 훌리오는 말이 너무 많아. 그치 않니?
- 맞아. 걔는 입만 살았어.

055위 La ropa ya no es de moda.

- La ropa ya no es de moda. Está diseñada para señoras.
- Vamos al centro. Ahí hay muchas tiendas, la ropa es más bonita y tienen mejores precios.

056위 El amor es ciego.

- Juana decía que su novio era muy guapo pero me pareció feo.
- Pues el amor es ciego. Basta con que a Juana le guste.

057위 Habla hasta por los codos.

- Julio habla demasiado. ¿No te parece?
- Sí, es cierto. Habla hasta por los codos.

058위 자주 가는 가게를 소개할 때

단골집이야.

– 그 가게 어때?
– 아, 거기 내 단골집이야. 서비스도 좋고 맛도 좋아.

059위 노출이 너무 심한 옷을 이르는 말

너무 야하네.

– 이거 어때? 너무 예쁘지?
– 그렇긴 한데, 너무 야하네.

060위 말씨나 태도 따위가 지나치게 부드러울 때

걘 듣기 좋은 말만 해.

– 개가 나보고 성격 좋고, 몸매 좋고, 예쁘다고 했어.
– 걘 듣기 좋은 말만 해. 예쁜 여자들한텐 다 그렇게 얘기했을 걸?

058위 Es mi restaurante favorito al que voy a menudo.

- ¿Qué tal ese restaurante?
- Es mi restaurante favorito al que voy a menudo.
  Tiene buen servicio y muy buena sazón.

059위 Es demasiado sexy.

- ¿Qué te parece ésta? ¿No es hermosa?
- Sí, pero es demasiado sexy.

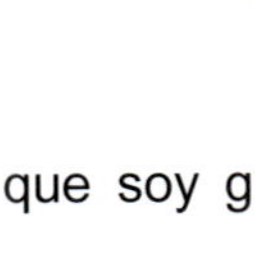

060위 Él siempre dice cosas agradables.

- Me dijo que tengo personalidad, buen cuerpo y que soy guapa.
- Él siempre dice cosas agradables.
  Seguro que le dice lo mismo a todas las mujeres bonitas.

61위 – 72위

061위 괜히 폼 잡지 마.

062위 회사에서 메신저를 막아놨어.

063위 정말 푹 잤어.

064위 촌스럽긴!

065위 노망났어?

066위 난 거짓말 안 해.

067위 바보같이 굴지 마!

068위 모르는 척 하지 마.

069위 낯가림이 엄청 심해.

070위 괜히 나서지 마!

071위 너 진짜 징하다.

072위 기분이 꿀꿀해.

61위 – 72위

061위 No presumas con tus poses.

062위 La compañía tiene bloqueado el Messenger.

063위 Dormí profundamente.

064위 ¡Qué mal gusto!

065위 ¿Estás envejeciendo?

066위 En serio, no miento.

067위 No seas tonto.

068위 No finjas que no lo sabes.

069위 Soy muy tímida.

070위 No lo intentes.

071위 ¡Qué latosa eres!

072위 Estoy de mal humor.

061위 친구가 어울리지 않게 으스댈 때

괜히 폼 잡지 마.

- 괜히 폼 잡지 마. 네가 모델인줄 알아?
- 남의 일에 신경 끄고. 너나 잘해라.

062위 회사에서 메신저를 사용하지 못하도록 차단했을 때

회사에서 메신저를 막아놨어.

- MSN 으로 얘기하는 게 더 편할 것 같은데. 네 MSN주소가 뭐야?
- 회사에서 메신저를 막아놨어. 나한테 연락하려면 전화로 해.

063위 달콤한 잠을 잤을 때

정말 푹 잤어.

- 아팠다며? 병원이랑 다녀왔어?
- 응, 병원 다녀와서 약 먹고 정말 푹 잤어.

061위 No presumas con tus poses.

- No presumas con tus poses. ¿Te crees modelo?
- No te metas en mis asuntos. Preocúpate por lo tuyo.

062위 La compañía tiene bloqueado el Messenger.

- Sería más cómodo hablar por MSN. ¿Cuál es tu dirección de MSN?
- La compañía tiene bloqueado el Messenger.
  Si quieres contactarme, llámame por teléfono.

063위 Dormí profundamente.

- Escuché que te enfermaste. ¿Ya fuiste al doctor?
- Sí, fui al doctor. Tomé medicinas y dormí profundamente.

064위 세련됨이 없이 어수룩한 데가 있을 때

촌스럽긴!

- 봐봐, 이 옷 너무 괜찮지?
- 촌스럽긴! 요즘 때가 어느 땐데 그런 스타일을 입어?

065위 엉뚱한 소리를 하거나 둔한 행동을 보이는 친구에게

노망났어?

- 어라? 이쪽이 맞나? 뭔가 아닌 것 같은데.
- 뭐야 왜 그래? 노망났어? 매일 지나다니는 길이잖아.

066위 진정성을 의심받았을 때

난 거짓말 안 해.

- 안 들어봐도 뻔해, 너 그런 말 밥 먹듯이 하잖아.
- 난 거짓말 안 해. 네가 날 안 믿어주면 누가 날 믿겠어?

61–72
73–84
85–96
97–108
109–120

064위 ¡Qué mal gusto!

- Mira. ¿No te parece bonita esta ropa?
- ¡Qué mal gusto! ¿Cómo vas a usar algo así?

065위 ¿Estás envejeciendo?

- ¡Qué raro! ¿Sí es por aquí? Como que no.
- ¿Qué te pasa? ¿Estás envejeciendo?
  Es el camino que recorres a diario.

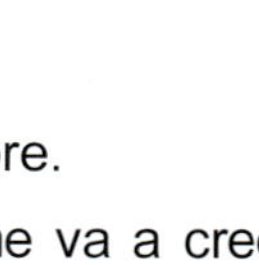

066위 En serio, no miento.

- No necesito escuchar.
  Tú siempre dices esas cosas como de costumbre.
- En serio, no miento. ¿Si tú no me crees, quién me va a creer?

067위 옛 연인에 대해 미련을 버리지 못하는 친구에게

바보같이 굴지 마!

- 아직도 걔를 못 잊겠어, 어쩌면 좋아.
- 바보같이 굴지 마! 얼른 잊어.

068위 분명히 아는 사실을 모른다고 할 때

모르는 척 하지 마!

- 이 일에 대해 난 아무것도 몰라.
- 모르는 척 하지 마! 뻔히 알면서.

069위 낯선 사람을 대하기 어려워함을 표현할 때

낯가림이 엄청 심해.

- 나 낯가림이 엄청 심해, 미안한데 같이 가줄 수 있어?
- 에휴, 너도 참 걱정이다.

61–72 | 73–84 | 85–96 | 97–108 | 109–120

067위 No seas tonto.

- Aún no la he podido olvidar. ¿Qué hago?
- No seas tonto. Olvídate de ella.

068위 No finjas que no lo sabes.

- Yo no sé nada sobre esto.
- No finjas que no lo sabes. Ya sabes de qué se trata.

069위 Soy muy tímida.

- Soy muy tímida.
  Perdón que te lo pida pero, ¿me podrías acompañar?
- ¡Ay! Me preocupa tu carácter.

070위 일처리가 능숙하지 못하고 서툴러 방해 될 때

괜히 나서지 마!

- 밥하려고? 도와줄까?
- 거기 가만있는 게 도와주는 거야. 괜히 나서지 마!

071위 무언가를 집요하게 물어볼 때

너 진짜 징하다.

- 야, 좀 가르쳐줘, 궁금하잖아.
- 너 진짜 징하다. 진짜 아무것도 아니라니까.

072위 기분이 몹시 우울할 때

기분이 꿀꿀해.

- 왜 그래? 무슨 일 있어?
- 아무 일도 없어. 근데 날씨가 안 좋아서 그런지 기분이 꿀꿀해.

070위 No lo intentes.

- ¿Vas a cocinar? ¿Te ayudo?
- Me ayudas quedándote donde estás. No lo intentes.

071위 ¡Qué latosa eres!

- Dímelo. Tengo curiosidad.
- ¡Qué latosa eres! No es nada en serio.

072위 Estoy de mal humor.

- ¿Por qué estás así? ¿Te pasa algo?
- No, nada. ¿Será por el clima? Pues estoy de mal humor.

61–72 | 73–84 | 85–96 | 97–108 | 109–120

73위 - 84위

073위 너나 잘하세요!

074위 잔소리 좀 그만하세요!

075위 여기서 드실 건가요, 아니면 포장인가요?

076위 식은 죽 먹기야.

077위 시간 가는 줄 몰랐네.

078위 더 이상 못 참겠어!

079위 나한테 화풀이하지 마.

080위 땡전 한 푼도 없어.

081위 세상에 공짜는 없어.

082위 그거 다 화장발이야.

083위 너 화났니?

084위 그는 앞뒤가 꽉 막혔어.

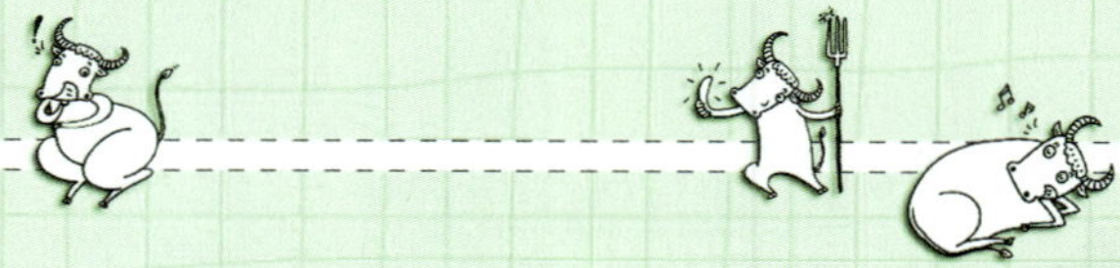

073위	Preocúpate por lo tuyo.
074위	Basta de sermones.
075위	¿Para comer aquí o para llevar?
076위	Es pan comido.
077위	No me di cuenta del tiempo que ha pasado.
078위	No lo puedo soportar más.
079위	No te desquites conmigo.
080위	No tengo ni un centavo.
081위	En la vida nada es gratis.
082위	Es la magia del maquillaje.
083위	¿Estás enfadada?
084위	A él es imposible de hacerlo entender.

073위 남이 쓸데없이 나의 일에 간섭할 때

너나 잘하세요!

- 이렇게 하면 안 돼. 나중에 문제가 더 복잡해질 거야.
- 너나 잘하세요! 남의 일에 간섭하는 게 취미냐?

074위 필요 이상으로 듣기 싫게 꾸짖거나 참견하여 지겨울 때

잔소리 좀 그만하세요!

- 잔소리 좀 그만하세요! 귀에 못이 박히겠어요.
- 다 너를 위해서야. 어른 말 들어서 손해 볼 것 없다.

075위 식당에서 주문한 음식의 포장 여부를 물을 때

여기서 드실 건가요? 아니면 포장인가요?

- 여기서 드실 건가요? 아니면 포장인가요?
- 가져갈게요. 싸 주세요.

073위 Preocúpate por lo tuyo.

- No puedes hacer las cosas de esta manera.
  Después se van a complicar mucho más.
- Preocúpate por lo tuyo.
  ¿Acaso es tu pasatiempo intervenir en asuntos de los demás?

074위 Basta de sermones.

- Basta de sermones. Siento que taladras mi cerebro.
- Todo lo digo por tu bien.
  Escuchar a los mayores nunca está de más.

075위 ¿Para comer aquí o para llevar?

- ¿Para comer aquí o para llevar?
- Es para llevar. Envuélvamelo por favor.

076위 아주 간단하고 쉬운 일

식은 죽 먹기야.

- 정말 혼자 할 수 있겠어?
- 그럼, 식은 죽 먹기야.

077위 어떤 일에 집중해서 시간이 흐름을 몰랐을 때

시간 가는 줄 몰랐네.

- 아직까지 여기서 뭐해?
- 영화 봤어, 너무 재미있어서 시간 가는 줄 몰랐네.

078위 참을 수 없이 화가 났을 때

더 이상 못 참겠어!

- 내가 잘못한 것도 아닌데 왜? 더 이상 못 참겠어!
- 그래도 상사잖아, 네가 좀 참아.

61–72
73–84
85–96
97–108
109–120

076위 Es pan comido.

- ¿Estás seguro de que lo puedes hacer solo?
- Claro, es pan comido.

077위 No me di cuenta del tiempo que ha pasado.

- ¿Qué haces aquí todavía?
- Estaba viendo una película. Como estaba muy entretenida, no me di cuenta del tiempo que ha pasado.

078위 No lo puedo soportar más.

- ¿Si no fue mi culpa, por qué? No lo puedo soportar más.
- Sí, pero es tu superior. Aguántalo un poco.

079위 상대방이 화난 감정을 나한테 풀 때

나한테 화풀이하지 마.

- 왜 눈앞에서 얼쩡거려? 귀찮게.
- 기분이 안 좋다고, 나한테 화풀이하지 마.

080위 수중에 돈이 없을 때

땡전 한 푼도 없어.

- 혹시 나 돈 좀 빌려줄 수 있어?
- 미안해, 나 땡전 한 푼도 없어.

081위 힘이나 돈을 들이지 않고 거저 얻는 것은 없음을 인지시킬 때

세상에 공짜는 없어.

- 기말시험 준비 다 했어? 요약본 좀 빌릴 수 있을까?
- 좋아, 하지만 세상에 공짜는 없어. 알지?

079위 No te desquites conmigo.

- ¿Por qué insistes en molestarme?
- No te desquites conmigo por tu mal humor.

080위 No tengo ni un centavo.

- ¿Me puedes prestar dinero?
- Lo siento, no tengo ni un centavo.

081위 En la vida nada es gratis.

- ¿Ya estás preparado para el examen final?
  ¿Me puedes prestar el resumen?
- Vale, ¿pero en la vida nada es gratis, ¿sabes?

082위 화장을해서 외모가 수려해 보일 때 비꼬는 말

그거 다 화장발이야.

- 그 여자 봤어? 정말 예쁘다.
- 그거 다 화장발이야. 나도 화장 좀 하면 걔보다 예뻐.

083위 상대방이 성이 나서 토라져 있을 때

너 화났니?

- 너 화났니? 용서해 줘. 일부러 그런 게 아니야.
- 너 다음에도 또 그러면 가만 안 둘 줄 알아.

084위 생각이나 행동 따위가 융통성이 없어 답답함을 느낄 때

그는 앞뒤가 꽉 막혔어.

- 그는 앞뒤가 꽉 막혔어. 설득할 생각 마.
- 정말 입이 닳도록 설득해 봤는데 안 되더라.

082위 Es la magia del maquillaje.

- ¿Has visto esa mujer? ¡Qué hermosa es!
- Es la magia del maquillaje.
  Si me maquillara un poco, me vería mucho más bonita que ella.

083위 ¿Estás enfadada?

- ¿Estás enfadada? Perdóname, no lo hice a propósito.
- La próxima vez no te lo perdonaré.

084위 A él es imposible de hacerlo entender.

- A él es imposible de hacerlo entender.
  Ni pienses en intentar hacerlo entender.
- Por más que traté de convencerlo no pude.

85위 - 96위

085위	왜 만날 그 모양이니?
086위	좋은 사람 있으면 소개시켜 줘.
087위	카드로 하시겠습니까, 현금으로 하시겠습니까?
088위	신용카드로 할게요.
089위	말에 뼈가 있다.
090위	지루했어.
091위	넌 정말 까다로워.
092위	이 집에서 잘하는 게 뭐야?
093위	스트레스 어떻게 푸세요?
094위	꼬리가 왜 이렇게 길어?
095위	분위기 깨지 마!
096위	더치페이 하자.

085위 ¿Por qué sois así siempre?

086위 Si conoces a alguien agradable, preséntamela.

087위 ¿Desea pagar con tarjeta o en efectivo?

088위 Pagaré con tarjeta de crédito.

089위 Parece que estás insinuando algo.

090위 Fue aburrida.

091위 Eres complicado.

092위 ¿Cuál es la especialidad de la casa?

093위 ¿Cómo se libra del estrés?

094위 Traes cola.

095위 No seas aguafiestas.

096위 Cada quien pague lo suyo.

085위 어떠한 형편이나 꼴이 마음에 들지 않을 때

왜 만날 그 모양이니?

- 나 또 페드로랑 싸웠어, 걔가 헤어지자고 했거든.
- 왜 만날 그 모양이니? 너희들 좀 조용히 살 수 없니?

086위 괜찮은 사람을 소개 받고자 원할 때

좋은 사람 있으면 소개시켜 줘.

- 너 여자친구 없어?
- 아직, 좋은 사람 있으면 소개시켜 줘.

087위 결재 수단에 대해 물을 때

카드로 하시겠습니까, 현금으로 하시겠습니까?

- 카드로 하시겠습니까, 현금으로 하시겠습니까?
- 현금으로 하겠습니다.

스페인네이티브가매일쓰는이입말

이해할 수 있나요?

085위 ¿Por qué sois así siempre?

- Me peleé de nuevo con Pedro.
  Es que me dijo que nos separáramos.
- ¿Por qué sois así siempre? ¿No podéis estar en paz?

086위 Si conoces a alguien agradable, preséntamela.

- ¿Aún no tienes novia?
- Todavía no. Si conoces a alguien agradable, preséntamela.

087위 ¿Desea pagar con tarjeta o en efectivo?

- ¿Desea pagar con tarjeta o en efectivo?.
- Pagaré en efectivo.

088위 신용카드로 지불하고자 할 때

신용카드로 할게요.

- 손님, 현금으로 하시겠습니까? 신용카드로 하시겠습니까?
- 신용카드로 할게요.

089위 온순한 표현 속에 만만치 않은 뜻이 들어있을 때

말에 뼈가 있다.

- 야, 오늘 좀 멋있어 보인다?
- 어째 말에 뼈가 있다. 칭찬이야?

090위 시간이 오래 걸리거나 같은 상태가 오래 계속되어 따분하고 싫증났을 때

지루했어.

- 영화 어땠어?
- 너무 지루했어. 기대 했었는데.

088위 Pagaré con tarjeta de crédito.

- Señor, ¿desea pagar en efectivo o con tarjeta de crédito?
- Con tarjeta de crédito.

089위 Parece que estás insinuando algo.

- Te ves apuesto hoy.
- Parece que estás insinuando algo.
  ¿Me estás elogiando?

090위 Fue aburrida.

- ¿Qué tal la película?
- Fue aburrida. Esperaba algo mejor.

091위 식성이나 취향 등을 맞추기 어려울 때

넌 정말 까다로워.

- 난 야채는 안 먹어, 고기만 먹어.
- 넌 정말 까다로워. 아무거나 좀 먹지.

092위 식당에서 잘하는 요리를 물을 때

이 집에서 잘하는 게 뭐야?

- 이 집에서 잘하는 게 뭐야? 소개 좀 해봐.
- 이 집 파스타 정말 맛있던데, 우리 파스타 시키자.

093위 스트레스 해소법을 물을 때

스트레스 어떻게 푸세요?

- 스트레스 어떻게 푸세요? 좋은 방법은 있으세요?
- 별거 없어요, 아침마다 운동을 좀 하거든요, 다음에 같이 갈래요?

091위 Eres complicado.

- Yo no como verduras. Sólo como carne.
- Eres complicado. Sería bueno que comieras de todo.

092위 ¿Cuál es la especialidad de la casa?

- ¿Cuál es la especialidad de la casa? Recomiéndame algo.
- Las pastas de este restaurante son muy ricas.
  Pidamos pasta.

093위 ¿Cómo se libra del estrés?

- ¿Cómo se libra del estrés? ¿Conoce algún método bueno?
- Nada en especial. Sólo hago ejercicio cada mañana.
  ¿Quiere venir conmigo la próxima vez?

094위 문을 닫지 않고 들어오는 친구에게

꼬리가 왜 이렇게 길어?

- 문 좀 닫아. 꼬리가 왜 이렇게 길어?
- 미안, 깜빡했어.

095위 기분 좋은 분위기를 놓치기 싫을 때

분위기 깨지 마!

- 벌써 자정이잖아! 나 이제 가야 돼.
- 분위기 깨지 마! 좀 더 있어 봐.

096위 식비 따위를 나누어 내고자 할 때

더치페이 하자.

- 오늘 내가 쏠게.
- 그러면 내가 너무 미안하잖아. 더치페이 하자.

094위 Traes cola.

- Cierra la puerta. Traes cola.
- Perdón. Lo olvidé.

095위 No seas aguafiestas.

- Ya es medianoche. Me tengo que ir.
- No seas aguafiestas. Quédate un rato más.

096위 Cada quien pague lo suyo.

- Hoy yo cargo con el muerto.
- Me voy a sentir mal, mejor que cada quien pague lo suyo.

97위 – 108위

097위 그냥 둘러보는 거예요.

098위 서비스입니다.

099위 너무 바빠서 뭐부터 해야 할지 모르겠어.

100위 신세를 졌네요.

101위 깜빡 했어요.

102위 돈 모아서 샀어.

103위 피부가 장난이 아닌데!

104위 괜한 걱정했네요.

105위 바겐세일을 하고 있어요.

106위 지금 전화 받기 곤란해.

107위 여기 그런 분 안 계신데요.

108위 난 음치야.

97위 – 108위

097위	Sólo estoy viendo.
098위	Es un obsequio.
099위	Tengo tanto que hacer que no sé con qué cosa empezar.
100위	Le debo mucho.
101위	Se me ha olvidado.
102위	Lo compré con mis ahorros.
103위	¡Qué bonito cutis tienes!
104위	Me he preocupado más de la cuenta.
105위	Se ofrecen rebajas.
106위	No puedo atender la llamada ahora.
107위	Aquí no hay nadie con ese nombre.
108위	Soy desentonado.

097위 별다른 목적 없이 구경할 때

그냥 둘러보는 거예요.

- 손님, 혹시 찾으시는 것 있으세요.
- 아뇨, 그냥 둘러보는 거예요.

098위 무료로 제공되는 서비스임을 알릴 때

서비스입니다.

- 서비스입니다. 발렌타인데이를 기념해서 장미꽃 한 송이를 드립니다.
- 너무 예쁘다! 고맙습니다.

099위 정신없이 바쁠 때

너무 바빠서 뭐부터 해야 할지 모르겠어.

- 왜 그렇게 허둥지둥 대고 있어?
- 너무 바빠서 뭐부터 해야 할지 모르겠어.

097위 Sólo estoy viendo.

- Señor, ¿busca algo en especial?
- No, sólo estoy viendo.

098위 Es un obsequio.

- Es un obsequio.
  Como hoy es el día de San Valentín, obsequiamos una rosa.
- ¡Qué bonita rosa! Gracias.

099위 Tengo tanto que hacer que no sé con qué cosa empezar.

- ¿Por qué estás dando vueltas como loco?
- Tengo tanto que hacer que no sé con qué cosa empezar.

100위 다른 사람에게 도움을 받거나 폐를 끼쳤을 때

신세를 졌네요.

- 이번에는 정말 큰 도움이 됐어요, 신세를 졌네요.
- 우리 사이에 섭섭하게 별말씀을요.

101위 기억해 두어야 할 것을 한 순간 미처 생각하여 내지 못했을 때

깜빡 했어요.

- 왜 빈손으로 들어 와? 뭐 사러 나간 거 아니야?
- 맞다 생수! 깜빡 했어요.

102위 돈이나 재물을 모아서 어떤 물건을 샀을 때

돈 모아서 샀어.

- 이거 새로 산 차야? 너무 예쁘다!
- 응, 중고차야, 이거 돈 모아서 샀어.

100위 Le debo mucho.

- Esta vez usted ha sido de gran ayuda, le debo mucho.
- ¡Qué va! No hace falta que me agradezca.

101위 Se me ha olvidado.

- ¿Por qué has vuelto con las manos vacías? ¿No saliste para comprar algo?
- Cierto, el agua. Se me ha olvidado.

102위 Lo compré con mis ahorros.

- ¿Es éste el nuevo coche que te has comprado? ¡Qué chulo!
- Sí, es usado. Lo compré con mis ahorros.

103위 피부가 굉장히 좋다는 표현을 할 때

피부가 장난이 아닌데!

- 너 피부가 장난이 아닌데! 무슨 비결이라도 있어?
- 비결은 무슨, 그냥 매일 운동하고, 제때 자고, 밤 안 새는 거지.

104위 어떤 일에 대한 자신의 걱정이 기우였음을 알았을 때

괜한 걱정했네요.

- 이렇게 깔끔하게 해 냈는데 제가 괜한 걱정했네요.
- 사실 저도 걱정 많이 했어요.

105위 일정 기간 내에 물건 따위를 일정 금액 할인해서 판매할 때

바겐세일을 하고 있어요.

- 마트에서 창립 10주년 기념 바겐세일을 하고 있어요.
- 그래요? 언제까지예요?

103위 ¡Qué bonito cutis tienes!

- ¡Qué bonito cutis tienes! ¿Tienes algún secreto?
- Ninguno. Sólo practico deportes todos los días, duermo bien y no me desvelo.

104위 Me he preocupado más de la cuenta.

- He hecho muy bien el trabajo.
  Me he preocupado más de la cuenta.
- De hecho también ya estaba preocupado.

105위 Se ofrecen rebajas.

- Por su 10º aniversario en el mercado se ofrecen rebajas.
- ¿Ah, sí? ¿Hasta cuándo?

61–72 | 73–84 | 85–96 | 97–108 | 109–120

106위 전화 받기 곤란한 상황에서

지금 전화 받기 곤란해.

- 나 지금 회의 중이야, 전화 받기 곤란해.
- 그럼 회의 끝나면 바로 전화해 줘.

107위 전화를 해서 엉뚱한 사람을 찾을 때

여기 그런 분 안 계신데요.

- 여보세요. 오마르씨 바꿔주시겠어요?
- 죄송하지만, 여기 그런 분 안 계신데요.

108위 소리에 대한 음악적 감각이나 지각이 매우 무디어 음을 바르게 인식하거나 발성하지 못하는 사람

난 음치야.

- 오늘 밤에 우리 노래방 가자.
- 안 가, 난 음치야. 창피해.

106위 No puedo atender la llamada ahora.

- Estoy en una reunión. No puedo atender la llamada ahora.
- Entonces, cuando termines la reunión me llamas, por favor.

107위 Aquí no hay nadie con ese nombre.

- Hola. ¿Me podría comunicar con el señor Omar, por favor?
- Lo siento, aquí no hay nadie con ese nombre.

108위 Soy desentonado.

- Vamos al Karaoke esta noche.
- No, yo no voy. Soy desentonado. Me da vergüenza.

109위 – 120위

109위 정말 밥 맛 떨어지네.

110위 너무 기뻐 죽겠어요.

111위 핑계대지 마!

112위 나 같으면 안 해.

113위 운이 좋군!

114위 말해봤자 소용없어, 시간낭비야!

115위 싼 게 비지떡이야.

116위 옷이 날개라잖아.

117위 내 일은 내가 알아서 해!

118위 막상막하였어.

119위 숨 좀 돌리자.

120위 맛이 아주 좋아.

109위	Realmente me quitas las ganas de comer.
110위	Me muero de felicidad.
111위	No des excusas.
112위	Si fuera tú, no lo haría.
113위	¡Qué buena suerte!
114위	No sirve por más que le diga. Es pérdida de tiempo.
115위	Lo barato sale caro.
116위	El atuendo cambia a las personas.
117위	Yo me encargo de mis asuntos.
118위	Fue de tú a tú.
119위	Déjame respirar tantito.
120위	Está muy sabroso.

109위 마음에 들지 않는 어떤 대상으로 인해 식욕이 떨어질 때

정말 밥 맛 떨어지네.

- 밥 먹기 전에 꼭 그래야 해? 정말 밥 맛 떨어지네.
- 뭘? 어쨌다고?

110위 어떠한 일로 인해 매우 기쁠 때

너무 기뻐 죽겠어요.

- 이번 시험에서 1등 했다며?
- 정말 상상도 못했어요, 너무 기뻐 죽겠어요.

111위 잘못한 일에 대하여 이리저리 돌려 말하는 구차한 변명을 할 때

핑계대지 마!

- 요즘 일이 너무 바빠서 네 생일 깜빡 했어.
- 핑계대지 마! 난 안중에도 없는 거지?

109위 Realmente me quitas las ganas de comer.

- ¿Debes hacer eso antes de comenzar a comer?
  Realmente me quitas las ganas de comer.
- ¿Pues qué? ¿Qué hice?

110위 Me muero de felicidad.

- ¿Que has sido el mejor en el examen?
- En verdad ni lo imaginaba. Me muero de felicidad.

111위 No des excusas.

- No me acordé de tu cumpleaños.
  Es que ando muy ocupado estos días.
- No des excusas. A ti no te importo.

112위 어떤 일에 망설이는 친구에게 내 생각을 말할 때

나 같으면 안 해.

- 미겔이 나보고 또 저 대신 야근하래.
- 나 같으면 안 해, 절대로!

113위 뜻밖의 기분 좋은 일이 생겼을 때

운이 좋군!

- 복권 당첨됐다며? 운이 좋군!
- 하하, 당첨된 거 처음이야.

114위 아무런 쓸모나 득이 될 것이 없을 때

말해봤자 소용없어, 시간낭비야!

- 개 교육 좀 시켜, 아마 네 말은 들을 거야.
- 말해봤자 소용없어, 시간낭비야!

112위 Si fuera tú, no lo haría.

- Miguel me pidió que lo sustituyera para trabajar de noche.
- Si fuera tú, no lo haría. Nunca.

113위 ¡Qué buena suerte!

- ¿Que te ganaste la lotería? ¡Qué buena suerte!
- Je je, es la primera vez que me toca la lotería.

114위 No sirve por más que le diga. Es pérdida de tiempo.

- Alecciona un poco a ese chico.
  Tal vez a ti te haga caso.
- No sirve por más que le diga. Es pérdida de tiempo.

115위 싼 물건은 그만큼 품질도 떨어짐을 비유적으로 이르는 말

싼 게 비지떡이야.

- 신발이 벌써 헤졌어. 지난주에 샀는데.
- 역시 싼 게 비지떡이야. 다음엔 좀 비싸더라도 질 좋은 걸로 사.

116위 옷이 좋아 사람이 돋보일 때

옷이 날개라잖아.

- 이 옷 입으니까 사람이 완전히 달라 보인다.
- 그치? 옷이 날개라잖아. 진짜 폼 난다.

117위 간섭받기 싫을 때

내 일은 내가 알아서 해!

- 도대체 몇 번째냐? 얼마나 더 얘기를 해야 알아들어?
- 그만 좀 해! 내 일은 내가 알아서 해!

115위 Lo barato sale caro.

- Se me rompieron los zapatos.
  Los había comprado apenas la semana pasada.
- Lo barato sale caro. La próxima vez cómprate unos de mejor calidad aunque sean más caros.

116위 El atuendo cambia a las personas.

- Con esta ropa te ves completamente diferente.
- ¿Verdad? El atuendo cambia a las personas. Me veo muy bien.

117위 Yo me encargo de mis asuntos.

- ¿Cuántas veces van?
  ¿Cuántas veces tengo que decírtelo para que entiendas?
- Ya basta. Yo me encargo de mis asuntos.

61–72
73–84
85–96
97–108
109–120

118위 경기가 흥미진진 했을 때

막상막하였어.

- 레알 마드리드랑 바스셀로나 경기 어땠어?
- 완전 재밌었어. 경기 마지막까지 막상막하였어.

119위 숨을 가라앉히고 여유와 안정을 찾고자 할 때

숨 좀 돌리자.

- 엄마! 오셨어요? 배고파! 얼른 밥 줘!
- 어휴, 숨 좀 돌리자. 이제 막 들어왔고만.

120위 음식이 매우 맛있을 때

맛이 아주 좋아.

- 이거 어떻게 만든 거야? 맛이 아주 좋아.
- 그래? 내 솜씨 아직 녹슬지 않았네.

118위 Fue de tú a tú.

- ¿Qué tal estuvo el partido entre Real Madrid y Barcelona?
- Estuvo buenísimo. Fue de tú a tú hasta el último momento.

119위 Déjame respirar tantito.

- ¿Llegaste, mamá? Tengo hambre. Hazme algo de comer.
- ¡Ay! Déjame respirar tantito. Apenas voy llegando.

120위 Está muy sabroso.

- ¿Cómo lo has preparado? Está muy sabroso.
- ¿Ah, sí? Aún mantengo mi estilo.

121위 – 132위

121위 뭐라고 하는지 못 들었어.

122위 나 지금 통화 중이야.

123위 저 그 사람 열혈 팬이에요.

124위 그럴 리가 없어.

125위 제 버릇 개 줄까.

126위 내 말이 그 말이야.

127위 파마를 하고 싶은데요.

128위 자리 있어요?

129위 이건 제 성의표시입니다.

130위 호랑이도 제 말하면 온다더니…….

131위 기대하지 마.

132위 생각이 날 듯 말 듯 해.

121위 No he podido escuchar nada de lo que has dicho.

122위 Estoy hablando por teléfono.

123위 Soy su ferviente admirador.

124위 No puede ser posible.

125위 Las malas costumbres no se quitan.

126위 Eso digo yo.

127위 Quiero el permanente.

128위 ¿Está reservado?

129위 Es una muestra de mi gratitud.

130위 Hablando del rey de Roma, éste asoma.

131위 No te hagas ilusiones.

132위 Lo tengo en la punta de la lengua.

121위 상대방의 말이 잘 안 들릴 때

뭐라고 하는지 못 들었어.

- 방금 너무 시끄러워서 뭐라고 하는지 못 들었어.
- 그럼 다시 말해줄게, 이번엔 잘 들어.

122위 다른 사람과 통화 중일 때

나 지금 통화 중이야.

- 야! 들려? 나 리차드야, 소피야 안에 있어?
- 잠깐만, 나 지금 통화 중이야. 통화 끝나면 나갈게.

123위 어떤 대상(운동선수, 배우, 가수 등)을 열렬하게 좋아하는 사람

저 그 사람 열혈 팬이에요.

- 마르따 콘서트 티켓 사려고 밤새 줄서서 기다렸다며?
- 그럼요, 너무너무 좋아하거든요, 저 그 사람 열혈 팬이에요.

121위 No he podido escuchar nada de lo que has dicho.

- Por el ruido, no he podido escuchar nada de lo que has dicho.
- Bueno, te lo repito. Esta vez presta mucha atención.

122위 Estoy hablando por teléfono.

- ¿Oye, me escuchas? Soy Richard. ¿Se encuentra Sofía?
- Un momento. Estoy hablando por teléfono.
  Termino la llamada y salgo de inmediato.

123위 Soy su ferviente admirador.

- ¿Que has hecho fila toda la noche para conseguir las entradas al concierto de Marta?
- Por supuesto, es que me encanta. Soy su ferviente admirador.

124위 무언가가 사실이 아니라고 생각할 때

그럴 리가 없어.

- 선생님께서 이번 회의 통역은 아론한테 맡기셨데.
- 그럴 리가 없어. 어제 선생님께서 분명히 나보고 하라고 말씀하셨는데?

125위 한번 젖어 버린 나쁜 버릇은 쉽게 고치기가 어렵다는 표현을 할 때

제 버릇 개 줄까.

- 걔는 아직도 저러고 다닌다니?
- 제 버릇 개 줄까, 어떻게 고치겠어?

126위 내가 하고 싶었던 말을 남이 해 그 말에 동의할 때

내 말이 그 말이야.

- 날씨 완전 좋다. 이런 날은 데이트 해야하는데.
- 내 말이 그 말이야. 근데 우린 이게 뭐냐 방에 콕 박혀서.

124위 No puede ser posible.

- Dicen que el profesor le encargó a Aarón la interpretación para la próxima reunión.
- No puede ser posible. Ayer me dijo claramente que lo hiciera yo.

125위 Las malas costumbres no se quitan.

- ¿Aún sigue así?
- Las malas costumbres no se quitan. ¿Cómo las puede corregir?

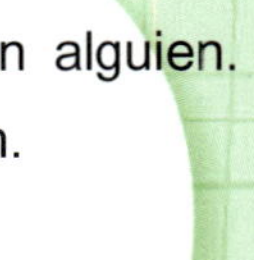

126위 Eso digo yo.

- El tiempo es maravilloso. Días así, son para salir con alguien.
- Eso digo yo. Y nosotros aquí dentro de la habitación. ¡Qué mala suerte!

127위 미용실에서

파마를 하고 싶은데요.

- 손님, 머리 어떻게 하시게요?
- 파마를 하고 싶은데요. 관리하기 편한 스타일로요.

128위 자리가 비어있는지 물을 때

자리 있어요?

- 혹시 옆에 자리 있어요?
- 아뇨. 앉으세요.

129위 감사나 존경 등의 마음을 작게나마 표현하면서

이건 제 성의표시에요.

- 이건 제 성의표시에요. 꼭 받아주세요.
- 받기 쑥스러운데, 고마워.

127위 Quiero el permanente.

- Señorita, ¿qué estilo desea que le hagamos?
- Quiero el permanente. Busco un estilo fácil de arreglar.

128위 ¿Está reservado?

- ¿Está reservado?
- No, no está ocupado. Tome asiento, por favor.

129위 Es una muestra de mi gratitud.

- Es una muestra de mi gratitud, acéptelo por favor.
- No sé que me da al aceptarlo. Gracias.

130위 이야기하고 있는 대상이 마침 왔을 때

호랑이도 제 말하면 온다더니…….

- 호랑이도 제 말하면 온다더니…….
- 왜? 내 얘기했어? 뭐?

131위 실현 가능성이 적은 어떤 일이 이루어지기를 바라고 기다릴 때

기대하지 마.

- 파꾼도가 밥 사줄 때까지 기다리는 거야? 걔 구두쇠야. 기대하지 마.
- 다들 그렇게 말하던데, 정말 그런가 보구나.

132위 입에서만 맴돌고 마땅한 단어가 떠오르지 않을 때

생각이 날 듯 말 듯 해.

- 다비드 고향이 어디라고 했더라?
- 글쎄, 그때 어디라고 했는데, 생각이 날 듯 말 듯 해.

130위 Hablando del rey de Roma, éste asoma.

- Hablando del rey de Roma, éste asoma.
- ¿Qué pasa? ¿Han hablado de mí? ¿De qué?

131위 No te hagas ilusiones.

- ¿Esperas que Facundo te invite a comer? Él es tacaño. No te hagas ilusiones.
- Todos me dicen lo mismo. Entonces debe ser verdad.

132위 Lo tengo en la punta de la lengua.

- ¿Dé donde era David?
- Pues ya me lo había dicho pero no lo recuerdo. Lo tengo en la punta de la lengua.

133위 - 144위

133위 이건 내 스타일이 아니야.

134위 걔 그냥 튕겨보는 거야.

135위 완전 감동이야!

136위 그걸 꼭 말로 해야 되니?

137위 나 이거 못하겠어!

138위 아무 도움도 안 되잖아!

139위 한 입만 먹어도 돼?

140위 맛이 갔어.

141위 감기 기운이 좀 있어.

142위 목이 쉬었어.

143위 체중 조절 좀 해야겠어.

144위 어디서 많이 뵌 것 같은데요.

133위 – 144위

133위 No es mi estilo.

134위 Sólo pretende hacerse la interesante.

135위 ¡Qué emoción!

136위 ¿Necesitas que te lo diga de veras?

137위 No puedo hacer este tipo de cosas.

138위 No sirve de nada vuestra ayuda.

139위 ¿Puedo probar un bocado?

140위 Está descompuesto.

141위 Estoy un poco resfriado.

142위 Estoy afónico.

143위 Necesito hacer un poco de dieta.

144위 Me parece haberle visto a usted en algún lugar.

우리가 매일 쓰는 이 입말
스페인어로 어떻게 할까요?

133위 자신이 추구하는 스타일이 아닐 때

이건 내 스타일이 아니야.

- 나보고 양복을 입으라고? 정말 어색해, 이건 내 스타일이 아니야
- 근데 어쩔 수 없어. 이런 곳에서는 꼭 양복을 입어야 돼.

134위 친구가 좋아하는 사람의 마음을 얻지 못해 상심하고 있을 때

걔 그냥 튕겨보는 거야.

- 내가 사라 쫓아다닌 지 두 달이나 됐는데, 여전히 쌀쌀맞아.
- 아니야, 걔 그냥 튕겨보는 거야.

135위 뜻밖의 선물을 받았을 때

완전 감동이야!

- 자, 이거, 길 가다 너 생각나서 샀어.
- 와! 완전 감동이야! 정말 고마워.

133위 No es mi estilo.

- ¿Que me ponga un traje? Es ridículo. No es mi estilo.
- Ni modo. Es que en estos lugares uno debe usar traje.

134위 Sólo pretende hacerse la interesante.

- Ya llevo 2 meses que la trato pero ella todavía me ignora.
- No le creas. Sólo pretende hacerse la interesante.

135위 ¡Qué emoción!

- Toma esto. Me acordé de ti, por eso te lo compré.
- ¡Oh! ¡Qué emoción! Muchas gracias.

136위 굳이 설명하지 않아도 자신의 의도를 알아주기 바랄 때

그걸 꼭 말로 해야 되니?

- 너 정말 하나도 몰라? 그걸 꼭 말로 해야 되니?
- 몰라! 말을 해야 알지!

137위 자신이 감당하기 어려운 어떤 일을 해야 할 때

나 이거 못하겠어!

- 나 이거 못하겠어! 정말 못하겠어!
- 걱정 마, 너랑 나밖에 몰라.
  그리고 우리가 나쁜 짓 하는 건 아니잖아.

138위 상대방을 신임하지 못하고 무시하는 표현

아무 도움도 안 되잖아!

- 너희들은 저리 가 있어, 아무 도움도 안 되잖아!
- 왜 사람을 무시하고 그래? 할 수 있어!

136위 ¿Necesitas que te lo diga de veras?

- ¿En serio no sabes nada?
  ¿Necesitas que te lo diga de veras?
- No sé. ¿Si no hablas cómo lo voy a saber?

137위 No puedo hacer este tipo de cosas.

- No puedo hacer este tipo de cosas. Me voy a volver loco.
- No te preocupes. Nadie sabe de esto más que tú y yo.
  Y no estamos haciendo nada malo.

138위 No sirve de nada vuestra ayuda.

- Vosotros id para allá, pues no sirve de nada vuestra ayuda.
- ¿Por qué nos desprecias? Somos capaces de hacerlo.

139위 배가 고프거나 맛있는 음식을 보고 식욕이 돌았을 때

한 입만 먹어도 돼?

- 엄마, 나 배고파 죽겠어, 한 입만 먹어도 돼?
- 안 돼. 손님들 다 오시면 먹어.

140위 사물의 상태가 아주 안 좋을 때

맛이 갔어.

- 아, 짜증나, 컴퓨터 또 맛이 갔어.
- 왜 또 그래? 서비스 받아!

141위 감기가 걸린 것처럼 몸에 기운이 없을 때

감기 기운이 좀 있어.

- 어디 불편해?
- 감기 기운이 좀 있어, 코가 지끈거려.

139위 ¿Puedo probar un bocado?

- Me estoy muriendo de hambre mamá.
  ¿Puedo probar un bocado?
- No se puede hasta que lleguen los invitados.

140위 Está descompuesto.

- ¡Ah, qué ira! El ordenador está descompuesto otra vez.
- ¿Ahora por qué? Pues llévalo al servicio.

141위 Estoy un poco resfriado.

- ¿Te sientes mal?
- Estoy un poco resfriado. Tengo la nariz congestionada.

142위 목청에 탈이 나서 목소리가 거칠고 맑지 않게 되었을 때

목이 쉬었어.

- 오늘 하루 종일 강의했더니 목이 쉬었어.
- 선생님이란 거 쉬운 직업이 아냐.

143위 다이어트를 해야겠다고 말하면서

체중조절 좀 해야겠어.

- 나 결혼 후에 살이 많이 쪘어, 체중조절 좀 해야겠어.
- 아니야, 지금이 딱 보기 좋아.

144위 어딘가에서 본적이 있는 듯 한 사람을 보았을 때

어디서 많이 뵌 것 같은데요.

- 어디서 많이 뵌 것 같은데요, 혹시 우리 전에 여기서 만난 적이 있나요?
- 아니요, 전 여기 처음 왔어요.

142위 Estoy afónico.

- He estado dando clases todo el día y por eso estoy afónico.
- Ser maestro no es fácil.

143위 Necesito hacer un poco de dieta.

- Me he engordado mucho desde que me casé.
  Necesito hacer un poco de dieta.
- No, te ves bien como estás.

144위 Me parece haberle visto a usted en algún lugar.

- Me parece haberle visto a usted en algún lugar.
  ¿Alguna vez nos hemos visto por aquí?
- No, es la primera vez que vengo aquí.

145위 – 156위

145위 그동안 하나도 안 변했구나.

146위 다음 주에 한번 뭉치자.

147위 함께해서 정말 즐거웠어요.

148위 동안이세요.

149위 물 만난 고기 같아.

150위 말하자면 길어.

151위 내 컴퓨터가 다운됐어.

152위 옴짝달싹 못하겠어.

153위 말 빙빙 돌리지 마!

154위 입장 바꿔 생각해봐.

155위 늘 그런 식이지.

156위 해가 서쪽에서 뜨겠네.

145위 – 156위

145위	No has cambiado en nada.
146위	Nos vemos la semana próxima.
147위	He disfrutado mucho de trabajar juntos.
148위	Se ve joven.
149위	Como una seda.
150위	Es una larga historia.
151위	Mi ordenador se apagó.
152위	El tráfico está paralizado.
153위	No des tantos rodeos.
154위	Ponte en su lugar.
155위	Así es siempre.
156위	Pareciera que el sol va a salir por el oeste.

145위 오랜만에 만난 사람의 모습이 큰 변화가 없을 때 또는 그렇게 보인다고 칭찬의 의도로 말할 때

그동안 하나도 안 변했구나.

- 오랜만이다. 그동안 하나도 안 변했구나.
- 그래? 나 많이 늙었어, 얼굴에 주름이 얼마나 많아졌는데.

146위 오랫동안 만나지 못한 친구들과 만남을 청할 때

다음 주에 한번 뭉치자.

- 우리 언제 모여서 회포 풀어야지.
- 그래, 좋아! 다음 주에 한번 뭉치자.

147위 공동으로 어떠한 업무를 성공리에 마쳐 기쁠 때

함께해서 정말 즐거웠어요.

- 한 달 동안 함께 노력한 끝에 드디어 결과를 봤네요.
- 그래요, 그동안 함께해서 정말 즐거웠어요.

145위 No has cambiado en nada.

- Hace mucho que no te veía. No has cambiado en nada.
- ¿Te parece? He envejecido mucho.
  Ya tengo muchas arrugas en la cara.

146위 Nos vemos la semana próxima.

- Debemos reunirnos un día para compartir y hablar de nosotros.
- De acuerdo. Nos vemos la semana próxima.

147위 He disfrutado mucho de trabajar juntos.

- Ya tenemos resultados del trabajo que realizamos juntos durante un mes.
- Es cierto. He disfrutado mucho de trabajar juntos.

148위 나이보다 어려보이는 사람에게

동안이세요.

- 나이가 어떻게 되세요? 전 올해 서른이에요.
- 어머! 동안이세요. 전혀 그렇게 안 보여요.

149위 어떤 일을 쉽고 자연스럽게 하는 사람을 보고

물 만난 고기 같아.

- 루이스 어때? 일 잘해?
- 완전 물 만난 고기 같아. 일 처리가 아주 깔끔해.

150위 설명하기 복잡한 이야기를 굳이 하고 싶지 않을 때

말하자면 길어.

- 걔들 왜 헤어진 거야? 너 알지?
- 말하자면 길어. 모르는 게 차라리 나.

148위 Se ve joven.

- ¿Qué edad tiene? Yo tengo 30.
- ¡Oh! Se ve joven. No se nota que tiene esa edad.

149위 Como una seda.

- ¿Qué tal Luis? ¿Trabaja bien?
- Sí, como una seda. Hace bien su trabajo.

150위 Es una larga historia.

- ¿Por qué se separaron ellos? ¿Tú lo sabes, verdad?
- Es una larga historia. Te convendría no saberlo.

151위 컴퓨터가 작동되지 않을 때

내 컴퓨터가 다운됐어.

- 내 컴퓨터가 다운됐어, 바이러스에 감염된 것 같아.
- 요즘 컴퓨터 바이러스가 극성이더라.

152위 아주 조금도 움직이지 못할 때

옴짝달싹 못하겠어.

- 어디야? 왜 아직도 안 와?
- 차가 너무 막혀. 옴짝달싹 못하겠어.

해설: '옴싹달싹 못하겠어'는 상황에 따라 다르게 표현 될 수 있다. 본 대화에서는 교통량이 많은 상황을 전제로 표현했다.

153위 상대방이 말을 답답하게 돌려 말할 때

말 빙빙 돌리지 마!

- 말 빙빙 돌리지 마! 할 말 있으면 단도직입적으로 말해!
- 좋아, 그럼 듣고 나서 화내지 마.

151위 Mi ordenador se apagó.

- Mi ordenador se apagó. Parece que tiene algún virus.
- Actualmente hay muchos virus.

152위 El tráfico está paralizado.

- ¿Dónde estás? ¿Por qué aún no llegas?
- Es que hay mucho embotellamiento.
  El tráfico está paralizado.

153위 No des tantos rodeos.

- No des tantos rodeos. Si tienes algo que decirme, sé directo.
- Está bien. Te lo voy a decir pero no te vayas a enfadar.

154위 너무 자기 입장만 내세워 주장하는 사람에게

입장 바꿔 생각해 봐.

- 걔 정말 이상해, 별 것도 아닌 것 갖고.
- 입장 바꿔 생각해 봐. 얼마나 기분 나쁜지.

155위 평소에 늘 잘하는 일이 없이 방해가 되는 사람에게

늘 그런 식이지.

- 걔가 또 일을 망쳤어, 한번도 열심히 일해 본 적이 없다니깐.
- 늘 그런 식이지. 어쩌겠냐? 사장 아들인데, 참아야지.

156위 평소와 다른 행동을 보이는 사람을 보고

해가 서쪽에서 뜨겠네.

- 나 오늘부터 일찍 일어나기로 했어.
- 웬일이야? 해가 서쪽에서 뜨겠네.

154위 Ponte en su lugar.

- ¡Qué rara es ella, si no es nada importante!
- Ponte en su lugar. Te darás cuenta por qué se sintió.

155위 Así es siempre.

- Otra vez ha arruinado el trabajo. Nunca trabaja con ganas.
- Así es siempre. ¿Qué podemos hacer si es el hijo del jefe? Tenemos que aguantarlo.

156위 Pareciera que el sol va a salir por el oeste.

- Me voy a levantar temprano desde hoy.
- ¡Qué milagro! Pareciera que el sol va a salir por el oeste.

157위 - 168위

157위 그만두지 못해!

158위 밥통이야.

159위 왜 그렇게 입이 싸니?

160위 결코 고의가 아니었어.

161위 무서워 죽을 뻔 했어.

162위 마음만 먹으면 뭐든지 할 수 있어.

163위 입에 침이나 바르고 거짓말 해.

164위 내 성질 건드리지 마.

165위 이보다 더 좋을 순 없네요.

166위 내가 만만해 보여?

167위 저 사람 왜 저래?

168위 걔 원래 그런 애야.

157위 – 168위

157위 ¿No paráis?

158위 Es un bueno para nada.

159위 ¿Por qué eres tan chismosa?

160위 No fue mi intención.

161위 Casi me moría de miedo.

162위 Si uno se decide, puede lograr cualquier cosa.

163위 No me mientas.

164위 No me provoques.

165위 No podría ser mejor.

166위 ¿Acaso tengo cara de tonto?

167위 ¿Por qué él está así?

168위 Él es así.

157위 어떠한 동작을 강력하게 그만 두도록 요구할 때

그만두지 못해!

- 그만해! 그만두지 못해! 계속 그렇게 싸울래?
- 재가 자꾸 화나게 하잖아.

158위 특별한 재능 없이 또는 하는 일 없이 그저 밥이나 먹으며 하루하루를 지내는 사람을 가리켜

밥통이야.

- 유학까지 갔다 온 사람이 왜 그렇게 답답해?
- 걔 완전 밥통이야. 아무것도 안하고 밥만 축내.

159위 친구가 비밀이야기를 다른 친구에게 이야기했을 때

왜 그렇게 입이 싸니?

- 분명히 비밀이라고 했잖아! 왜 그렇게 입이 싸니?
- 내 생각에 우린 서로 잘 맞지 않는 것 같아. 그러니 헤어지는 게 낫겠어.

157위 ¿No paráis?

- Parad. ¿No paráis? ¿Vais a seguir peleando?
- Es que él me hace enfadar.

158위 Es un bueno para nada.

- ¿Cómo es posible que sea tan inadaptable una persona como él que ha tenido la oportunidad de estudiar en otro país?
- Es un bueno para nada. No hace nada. Es un parásito.

159위 ¿Por qué eres tan chismosa?

- Te he dicho que era un secreto. ¿Por qué eres tan chismosa?
- A mi parecer no nos llevamos bien. Es mejor que nos separemos.

160위 일부러 하지 않았다고 말할 때

결코 고의가 아니었어.

- 아침에 일부러 그런 거야? 나 정말 상처 받았어.
- 결코 고의가 아니었어. 생각 없이 나온 말이야.

161위 극한 공포상황을 겪고 난 심리상태를 표현할 때

무서워 죽을 뻔 했어.

- 어젯밤 천둥이 정말 크게 쳐서 무서워 죽을 뻔 했어.
- 정말? 내가 잠을 깊게 잤나봐. 난 전혀 몰랐어.

162위 자신의 마음이나 상대에게 용기를 북돋울 때

마음만 먹으면 뭐든지 할 수 있어.

- 난 늘 실패만 했지 성공해 본 적이 없어.
- 실망하지 마, 마음만 먹으면 뭐든지 할 수 있어.

160위 No fue mi intención.

- ¿Lo de la mañana lo has hecho a propósito? Porque de verdad me lastimaste.
- No fue mi intención. Se me salió sin pensar.

161위 Casi me moría de miedo.

- Fueron tan fuertes los truenos de anoche que casi me moría de miedo.
- ¿Ah, si? Tal vez dormí profundamente porque no escuché nada.

162위 Si uno se decide, puede lograr cualquier cosa.

- Soy un fracasado que nunca ha tenido éxito.
- No te desanimes. Si uno se decide, puede lograr cualquier cosa.

163위 사실이 아닌 것을 사실인 것처럼 꾸며 말하는 사람에게

입에 침이나 바르고 거짓말 해.

- 에이, 거짓말, 입에 침이나 바르고 거짓말 해.
- 아냐, 정말이야, 마리아가 그랬다니깐?

164위 불편한 심기로 인해 상대방에게 경고할 때

내 성질 건드리지 마.

- 너 왜 이래? 진짜 자꾸 왜 그러는 거야?
- 내 성질 건드리지 마, 나 지금 기분이 무지무지 나쁘거든.

165위 매우 만족스러운 결과 또는 결과물을 보고

이보다 더 좋을 순 없네요.

- 손님, 이 패키지 상품은 어떠세요?
- 음……, 좋아요. 이보다 더 좋을 순 없네요.
  여기 서비스가 아주 마음에 드네요.

163위 No me mientas.

- ¡Qué mentira! No me mientas.
- Créeme. Me lo dijo María.

164위 No me provoques.

- ¿Qué te pasa? ¿Por qué te portas así?
- No me provoques. Estoy de malas pulgas.

165위 No podría ser mejor.

- Señor, ¿qué le parece este paquete?
- Pues, está muy bien. No podría ser mejor. Me encanta el servicio.

166위 남들이 자신을 하찮게 여길 때

내가 만만해 보여?

- 왜 다들 나한테 이래라 저래라 하는 거야? 내가 만만해 보여?
- 아니야, 그런 적 없어.

167위 좀처럼 이해되지 않는 행동을 하는 사람을 보고

저 사람 왜 저래?

- 저 사람 왜 저래? 오늘 아무 이유도 없이 나한테 화를 내네?
- 어제 저 사람 여자친구랑 헤어졌데.

168위 어떤 사람의 행동 등이 만족스럽지 못할 때

걔 원래 그런 애야.

- 쟤 원래 저렇게 매너가 없니?
- 걔 원래 그런 애야. 그래서 아직도 여자친구가 없잖아.

166위 ¿Acaso tengo cara de tonto?

- ¿Por qué todos me dicen lo que tengo que hacer? ¿Acaso tengo cara de tonto?
- No, no es eso.

167위 ¿Por qué él está así?

- ¿Por qué él está así? Se enfadó conmigo sin motivo.
- Dicen que ayer rompió con su novia.

168위 Él es así.

- ¿Así es de mal educado?
- Él es así. Por eso aún no tiene novia.

169위 – 180위

169위	저 애 내가 찍었어.
170위	내 입장도 정말 난처해.
171위	없는 것 보단 낫다.
172위	누가 네 성격을 받아주겠니?
173위	나이는 중요하지 않아.
174위	사랑이 식었어.
175위	타고 난 거야.
176위	나이 값 좀 해!
177위	너 완전히 딴 사람 됐다.
178위	오늘 정말 정신없었어.
179위	같은 걸로 주세요.
180위	이 치마 세일해서 얼마죠?

169위 A él ya le he echado el ojo.

170위 Mi situación también es complicada.

171위 Peor es nada.

172위 ¿Quién va a aguantar tu carácter?

173위 Nunca es tarde.

174위 Se ha marchitado el amor.

175위 Es un don innato.

176위 Pórtate como un adulto.

177위 Pareces otra persona.

178위 Hoy no tengo cabeza.

179위 Tráigame lo mismo.

180위 ¿Cuánto vale esta falda con descuento?

169위 친구나 동료에게 자신이 맘에 담아둔 이성을 밝힐 때

저 애 내가 찍었어.

- 저기 봐, 다빗이다! 정말 멋있다.
- 저 애 내가 찍었어, 넘보지 마!

170위 당면하고 있는 상황이 자신이 어찌할 수 없게 난처할 때

내 입장도 정말 난처해.

- 왜 한마디도 안 해? 그런 상황에서 몇 마디 거들어주면 안 돼?
- 내가 어떻게 얘기를 해? 내 입장도 정말 난처해.

171위 아무리 안 좋은 것이라도 있는 것이 낫다는 걸 말할 때

없는 것 보단 낫다.

- 네 차, 정말 고물이다.
- 응, 근데 없는 것 보단 낫다. 이런 차도 없잖아, 넌.

169위 A él ya le he echado el ojo.

- ¡Mira! Es David. Es muy apuesto.
- A él ya le he echado el ojo.
  A nadie se le ocurra interponerse.

170위 Mi situación también es complicada.

- ¿Por qué no has dicho nada?
  ¿No me puedes ayudar diciendo algo en esa situación?
- ¿Cómo me atrevo a hablar? Mi situación también es complicada.

171위 Peor es nada.

- Tu coche es muy viejo.
- Sí, pero peor es nada. Tú ni siquiera tienes uno.

172위 까다로운 상대의 성격을 뭐라고 할 때

누가 네 성격을 받아주겠니?

- 너 성질이 왜 그러냐? 누가 네 성격을 받아주겠니? 걱정이다. 참.
- 누가 너더라 받아달라고 했니?

173위 무슨 일을 시작함에 있어 나이는 중요하지 않다는 말을 할 때

나이는 중요하지 않아.

- 나 스페인어 배우기로 결심했어. 근데 너무 늦게 시작하는 거 아닐까?
- 아니야, 배우는 데 나이는 중요하지 않아.

174위 사랑하는 열의나 생각이 줄거나 가라앉았을 때

사랑이 식었어.

- 너희 둘 사귄지 오래됐잖아, 왜 헤어진 거야?
- 사랑이 식었어, 억지로 같이 있어봤자 소용없잖아.

172위 ¿Quién va a aguantar tu carácter?

- ¡Qué carácter tan feo tienes! ¿Quién va a aguantar tu carácter? Me preocupas realmente.
- No tienes por qué tolerarme.

173위 Nunca es tarde.

- Decidí aprender español. ¿Pero no será muy tarde?
- No, nunca es tarde para aprender.

174위 Se ha marchitado el amor.

- Lleváis mucho tiempo de novios. ¿Por qué se han separado?
- Pues se ha marchitado el amor. No sirve de nada tratar de estar juntos.

175위 자신의 능력을 상대에게 뽐낼 때

타고 난 거야.

- 넌 어쩜 피아노를 그렇게 잘 치니? 얼마나 배웠어?
- 타고 난 거야. 부럽지?

176위 나이답지 못한 행동을 하는 상대방에게

나이 값 좀 해!

- 나이 값 좀 해! 어른답게 좀 굴라고.
- 내가 어디가 어른답지 못하다는 거야?

177위 상대방의 외모 따위가 몰라보게 변했을 때

너 완전히 딴 사람 됐다.

- 와우, 며칠 안 봤더니 너 완전히 딴 사람 됐다.
- 너한테만 살짝 알려줄게, 나 성형수술 했어.

175위 Es un don innato.

- ¿Cómo es que tocas tan bien el piano? ¿Cuánto tiempo te tomó aprender?
- Es un don innato. ¿Me tienes envidia?

176위 Pórtate como un adulto.

- Pórtate como un adulto. Compórtate acorde a tu edad.
- ¿A cuál actitud te refieres que no me comporto como un adulto?

177위 Pareces otra persona.

- ¡Oh! No te he visto unos días y ya pareces otra persona.
- Sólo a ti te digo mi secreto. Me han hecho una cirugía estética.

178위 쉴 틈 없이 바쁘게 일했을 때

오늘 정말 정신없었어.

- 오늘 정말 정신없었어. 하루 종일 쉬지도 못했다니까.
- 요즘 같은 때는 바쁜 게 좋은 거야.

179위 다른 사람과 같은 음식이나 물건을 원할 때

같은 걸로 주세요.

- 뭘 드시겠어요?
- 저 사람이 시킨 게 뭐에요? 저도 같은 걸로 주세요.

180위 사고자하는 물건의 할인가격을 물을 때

이 치마 세일해서 얼마죠?

- 저기요, 이 치마 세일해서 얼마죠?
- 그건 20% 세일입니다. 그래서 45유로입니다.

121–132 | 133–144 | 145–156 | 157–168 | 169–180

178위 Hoy no tengo cabeza.

- Hoy no tengo cabeza.
  Es que no he podido descansar en todo el día.
- Es mejor estar ocupado en estos tiempos.

179위 Tráigame lo mismo.

- ¿Qué desea pedir?
- ¿Qué pidió él? Tráigame lo mismo, por favor.

180위 ¿Cuánto vale esta falda con descuento?

- Disculpe, ¿cuánto vale esta falda con descuento?
- Tiene 20% de descuento. Así que vale 45 euros.

181위 – 192위

181위 잘난 척 그만해!

182위 우린 천생연분이야.

183위 너희 둘 사귀니?

184위 흔들리면 안 돼.

185위 맘껏 드세요.

186위 우리는 친한 사이야.

187위 그럴 기분 아니야.

188위 밤새 펑펑 울었어.

189위 똑바로 해!

190위 조금만 참고 견뎌봐.

191위 귀찮게 좀 하지 마.

192위 만나 뵙게 되어 영광입니다.

181위 – 192위

181위 No seas presumido.

182위 Somos almas gemelas.

183위 ¿Estáis saliendo?

184위 No te eches para atrás.

185위 Sírvase lo que guste.

186위 Somos íntimos amigos.

187위 No tengo humor para eso.

188위 He llorado toda la noche.

189위 Pórtate bien.

190위 Aguanta un poco.

191위 No me molestes.

192위 Es un honor conocerle.

181위 대단하지도 않은 실력을 남에게 부풀려서 뽐내지 말라고 할 때

잘난 척 그만해!

- 너 그거 알아? 내가 우리 반에서 스페인어 제일 잘한다.
- 잘난 척 그만해! 저번 말하기 시험 성적은 겨우 60점 이었잖아.

182위 하늘이 정해준 인연인 듯 연인 사이가 좋을 때

우린 천생연분이야.

- 너희 둘 공통점이 왜 그렇게 많아? 정말 잘 어울린다.
- 당연하지! 우린 천생연분이야.

183위 친구들의 관계가 연인처럼 느껴질 때

너희 둘 사귀니?

- 요새 너희 좀 수상해, 너희 둘 사귀니?
- 아니, 전혀. 그런 소리 어디서 들었어?

181위 No seas presumido.

- ¿Sabes qué? Soy el que mejor habla español de mi clase.
- No seas presumido.
  En el último examen oral sólo obtuviste 60 puntos.

182위 Somos almas gemelas.

- ¿Por qué vosotros dos tenéis tantas cosas en común?
  Hacen una buena pareja.
- ¡Por supuesto! Somos almas gemelas.

183위 ¿Estáis saliendo?

- Últimamente estáis muy raros. ¿Estáis saliendo?
- No, para nada. ¿Dondé has escuchado eso?

184위 이미 내린 결정에 확신이 없어 고민할 때

흔들리면 안 돼.

- 이번에 시험을 볼지 말지 아직도 고민이야.
- 지금 흔들리면 안 돼. 보기로 했으면 봐야지.

185위 초대한 사람들에게 편하게 그리고 많이 드시라고 할 때

맘껏 드세요.

- 사양하지 마시고 맘껏 드세요. 좀 더 드실래요?
- 아니에요. 배가 꽉 찼어요, 오늘 정말 잘 먹었어요.

186위 그 사람과 나와의 친분을 얘기할 때

우리는 친한 사이야.

- 너 혹시 루이스 알아? 우리랑 같은 학년인가 봐.
- 그럼 알지, 우리는 친한 사이야. 같은 고등학교 나왔거든.

184위 No te eches para atrás.

- Todavía estoy pensando si presento o no este examen.
- No te eches para atrás. Deberías tomarlo si ya lo has decidido.

185위 Sírvase lo que guste.

- No se abstenga. Sírvase lo que guste.
  ¿Desea servirse un poco más?
- No, así está bien. Estoy satisfecho.
  He disfrutado mucho la comida.

186위 Somos íntimos amigos.

- ¿Conoces a Luis? Parece que es de la misma generación que nosotros.
- Claro que sí lo conozco. Somos íntimos amigos.
  Es que somos del mismo colegio de bachillerato.

187위 어떤 원인으로 인해 마음이 편치 않을 때

그럴 기분 아니야.

- 친구들이랑 나가서 놀자. 오랜만에 술도 한 잔 하고.
- 난 오늘 시험 망쳤어. 그럴 기분 아니야.

188위 어떤 일로 인해 매우 많이 울었을 때

밤새 펑펑 울었어.

- 무슨 일 있었어? 눈이 토끼처럼 빨개졌어.
- 밤새 펑펑 울었어. 휴지를 4통이나 썼어.

189위 정직하고 옳게 행동하라고 할 때

똑바로 해!

- 이번엔 정말 나랑 상관없는 일이야.
- 그러니까 너 앞으로 행동 좀 똑바로 해!

187위 No tengo humor para eso.

- Vamos a salir a divertirnos. Tomemos una copa, que no hemos tomado en mucho tiempo.
- No me ha ido bien en el examen de hoy.
  Así que no tengo humor para eso.

188위 He llorado toda la noche.

- ¿Qué te pasa? Tienes los ojos rojos.
- Es que he llorado toda la noche.
  Acabé usando 4 rollos de papel higiénico.

189위 Pórtate bien.

- Esta vez de veras, no tiene nada que ver contigo.
- Por eso. De ahora en adelante pórtate bien.

190위 어려운 환경에 굴복하지 않고 버티기를 권할 때, 용기를 주기 위한 표현

조금만 참고 견뎌봐.

- 더 이상 못 참겠어. 왜 매일 나만 야근시켜?
- 조금만 참고 견뎌봐, 앞으로 좋아지겠지.

191위 지겹도록 참견할 때

귀찮게 좀 하지 마.

- 컴퓨터 좀 그만해! 어쩜 넌 게임만 하고 있니?
- 귀찮게 좀 하지 마. 조금 있으면 레벨 업 할 참이야.

192위 오랫동안 만나고 싶었던 사람을 만나게 되었을 때

만나 뵙게 되어 영광입니다.

- 예전부터 말씀 많이 들었습니다. 만나 뵙게 되어 영광입니다.
- 그런 말씀 마세요, 너무 쑥스럽습니다.

181–192 | 193–204 | 205–216 | 217–228 | 229–240

190위 Aguanta un poco.

- No puedo aguantar más.
  ¿Por qué sólo a mí me ponen a trabajar de noche?
- Aguanta un poco. Seguro que las cosas irán mejorando.

191위 No me molestes.

- Deja de usar el ordenador.
  ¿Cómo puede ser posible que te la pases jugando todo el tiempo?
- No me molestes, que dentro de poco subiré de nivel.

192위 Es un honor conocerle.

- He escuchado mucho de usted. Es un honor conocerle.
- No diga eso, que me da vergüenza.

193위 – 204위

193위 내가 곁에 있잖아.

194위 지금 시비 거는 거니?

195위 난 네 타입이 아니야.

196위 내가 계산할게.

197위 내가 사과할게.

198위 네가 나한테 어떻게 그럴 수 있니?

199위 친구 좋다는 게 뭐야?

200위 누구 점찍어 둔 사람 있니?

201위 다리에 쥐났어.

202위 너무 미련 갖는 거 아니야?

203위 하늘만큼 땅만큼 사랑해.

204위 가위 눌렸어.

193위 – 204위

193위 Estoy contigo.

194위 ¿Me estás provocando?

195위 No soy tu tipo.

196위 Yo pago la cuenta.

197위 Te pido disculpas.

198위 ¿Cómo puedes hacerme esto a mí?

199위 Eso es lo bueno de tener amigos.

200위 ¿Ya le echaste el ojo a alguien?

201위 Me dio un calambre en la pierna.

202위 ¿No estarás muy obsesionada?

203위 Quiero a ~ del cielo a la tierra.

204위 Tuve una pesadilla horrible.

193위 두려워하는 상대방을 안심시킬 때

내가 곁에 있잖아.

- 실은 사랑니 수술하는 거 너무 무서워.
- 걱정 마, 간단한 수술이야. 내가 곁에 있잖아.

194위 공연히 결점을 찾아내어 트집을 잡을 때

지금 시비 거는 거니?

- 방금 한 말 무슨 뜻이야? 지금 시비 거는 거니?
- 오해야. 난 그저 앞으로 네가 좀 더 열심히 하길 바랐을 뿐이야.

195위 데이트 신청을 거절할 때

난 네 타입이 아니야.

- 왜 나랑 사귀고 싶지 않은 거야?
- 난 네 타입이 아니야. 나보다 더 좋은 사람을 찾을 수 있을 거야.

193위 Estoy contigo.

- Me da mucho miedo la extracción de la muela de juicio.
- No te preocupes. Es una operación sencilla y estoy contigo.

194위 ¿Me estás provocando?

- ¿Qué quisiste decir con eso? ¿Me estás provocando?
- Me has mal interpretado. Yo sólo quería que pusieras más empeño en el trabajo.

195위 No soy tu tipo.

- ¿Por qué no quieres ser mi novia?
- No soy tu tipo. Encontrarás una persona mejor que yo.

196위 자신이 비용을 지불하고자 할 때

내가 계산할게.

- 계산서 좀 갖다 주시겠어요?
- 아니야 그냥 둬, 내가 계산할게.

197위 상대에게 미안함을 말할 때

내가 사과할게.

- 미안해, 내가 오해했어, 내가 사과할게.
- 아니야, 괜찮아. 난 아무렇지 않아.

198위 자신에 대한 상대의 말이나 행동이 이해가 되지 않을 때

네가 나한테 어떻게 그럴 수 있니?

- 우리 헤어지자, 우린 잘 안 맞는 것 같아.
- 네가 나한테 어떻게 그럴 수 있니? 다른 여자 생긴 거야?

196위 Yo pago la cuenta.

- ¿Me podría traer la cuenta, por favor?
- No, déjalo. Yo pago la cuenta.

197위 Te pido disculpas.

- Perdón, mal entendí. Te pido disculpas.
- No pasa nada. Estoy bien.

198위 ¿Cómo puedes hacerme esto a mí?

- Terminemos nuestra relación. Creo que no nos llevamos bien.
- ¿Cómo puedes hacerme esto a mí? ¿Sales con otra mujer?

199위 내가 도운 친구의 심적 부담을 덜어줄 때

친구 좋다는 게 뭐야?

- 이번에 네 덕분에 일이 잘 됐어. 정말 고마워, 꼭 보답할게.
- 됐어, 친구 좋다는 게 뭐야?

200위 맘에 드는 사람이 있는지를 물을 때

누구 점찍어 둔 사람 있니?

- 멋진 애 정말 많다. 누구 점찍어 둔 사람 있니?
- 있어. 하이메 옆에 앉아 있었던 애 귀엽지 않아?

201위 다리 근육에 경련이 올 때

다리에 쥐났어.

- 나 오늘 너무 심하게 운동해서 다리에 쥐났어.
- 운동한 뒤엔 스트레칭 하는 거 잊지 마.

199위 Eso es lo bueno de tener amigos.

- Gracias a ti, las cosas han salido muy bien.
  Estoy muy agradecido. Te debo un favor.
- Así está bien, eso es lo bueno de tener amigos.

200위 ¿Ya le echaste el ojo a alguien?

- ¡Cuántos chicos tan guapos! ¿Ya le echaste el ojo a alguien?
- Sí, tengo uno.
  ¿No te parece atractivo el que estaba al lado de Jaime?

201위 Me dio un calambre en la pierna.

- Me dio un calambre en la pierna porque hoy he hecho mucho ejercicio.
- No te olvides de hacer estiramientos después de hacer deporte.

202위 친구나 동료가 헤어진 연인에 미련을 갖고 있을 때

너무 미련 갖는 거 아니야?

- 걔한테 계속 전화했는데 안 받아, 난 정말 걔를 못 잊겠어.
- 너 왜 그래? 이미 헤어졌잖아, 너무 미련 갖는 거 아니야?

203위 사랑의 마음을 표현할 때

하늘만큼 땅만큼 사랑해.

- 우고, 아빠, 엄마 사랑하니? 얼만큼?
- 저는 우리 아빠, 엄마 하늘만큼 땅만큼 사랑해요.

204위 악몽을 꾸었을 때

가위 눌렸어.

- 가위 눌렸어, 너무 무서워.
- 너 어제 밤 또 공포 영화 봤지?

202위 ¿No estarás muy obsesionada?

- He estado llamándolo pero no me contesta.
  No me puedo olvidar de él.
- ¿Qué te pasa? Ya terminaron. ¿No estarás muy obsesionada?

203위 Quiero a ~ del cielo a la tierra.

- Hugo, ¿cuánto quieres a tus padres?
- Quiero a mis padres del cielo a la tierra.

해설: '~' 자리에 하늘만큼 땅만큼 사랑하는 사람을 넣어주면 문장이 완성된다.

204위 Tuve una pesadilla horrible.

- Tuve una pesadilla horrible. Tengo miedo.
- Anoche volviste a ver una película de terror, ¿verdad?

205위 – 216위

205위 김이 다 빠졌네.

206위 기운이 하나도 없어.

207위 면목 없습니다.

208위 속이 좀 안 좋아.

209위 줄 서세요!

210위 눈이 부었어.

211위 신중하지 못했어.

212위 빈둥거리지 마.

213위 드디어 이상형을 만났어.

214위 재들은 단짝이야.

215위 삼각관계

216위 우린 서로 전기가 통했어.

205위 Se le ha ido todo el gas.

206위 Tengo desaliento.

207위 No tengo cara.

208위 No me siento bien del estómago.

209위 ¡Formen fila, por favor!

210위 Tengo hinchados los ojos.

211위 He sido muy imprudente.

212위 No estés ocioso.

213위 Por fin he encontrado a la persona ideal.

214위 Son uña y carne.

215위 Triángulo amoroso

216위 Hubo una conexión.

205위 탄산음료의 맛이 밍밍할 때

김이 다 빠졌네.

– 왜 콜라 안 마셔? 콜라 안 좋아해?
– 안 좋아하는 게 아니라, 이게 김이 다 빠졌네.

해설: 스페인어권 국가에서는 콜라라고 하지 않고 Coca나 Pepsi등의 브랜드 네임을 따 부르다. 따라서 Pepsi cola일 때라면 Pepsi라고 표현하면 된다.

206위 몸이 몹시 아파 기력이 없을 때

기운이 하나도 없어.

– 어디 아프세요? 컨디션이 안 좋아 보여요.
– 너무 피곤해, 온몸에 기운이 하나도 없어요.

207위 부끄러워 남을 대할 용기가 없을 때

면목 없습니다.

– 괜찮아, 기회는 또 있어.
– 선생님 뵐 면목 없습니다.

205위 Se le ha ido todo el gas.

- ¿Por qué no tomas Coca Cola? ¿No te gusta la Coca Cola?
- No es que no me guste sino que se le ha ido todo el gas y así no sabe bien.

181–192
193–204
205–216
217–228
229–240

206위 Tengo desaliento.

- ¿Le duele algo? Se ve mal.
- Estoy muy cansado. Tengo desaliento en todo el cuerpo.

207위 No tengo cara.

- No pasa nada. Habrá otra oportunidad.
- No tengo cara para verlo a usted.

208위 소화가 되지 않아 더부룩하고 불편할 때

속이 좀 안 좋아.

- 얼굴 표정이 왜 그래? 어디 불편해?
- 속이 좀 안 좋아. 점심 때 너무 많이 먹었나 봐.

209위 질서유지를 위해 줄을 서라고 할 때

줄 서세요!

- 선착순 입니다. 줄 서세요!
- 공짜로 주는 건가 봐. 얼른 가보자.

210위 너무 울거나 잠을 자서 눈가죽이 부풀어 올랐을 때

눈이 부었어.

- 눈이 부었어. 사람들이 볼 텐데 어떻게 나가지?
- 누가 영화보고 그렇게 서글피 울래?

208위 No me siento bien del estómago.

- ¿Por qué tienes esa cara? ¿Te sientes mal?
- No me siento bien del estómago. Me parece que comí demasiado.

209위 ¡Formen fila, por favor!

- Conforme vayan llegando, ¡formen fila, por favor!
- Parece que están dando algo gratis. Vamos de prisa.

210위 Tengo hinchados los ojos.

- Tengo hinchados los ojos.
  La gente lo va a notar. ¿Cómo voy a salir así?
- ¿Ves? ¿Por que lloraste tanto viendo una película?

211위 조심스럽지 못하고 경솔했을 때

신중하지 못했어.

- 진짜 미안해, 이번 일은 다 내 잘못이야. 내가 신중하지 못했어.
- 괜찮아. 앞으로 조심하면 되지.

212위 아무 일도 하지 않고 게으름을 피우며 놀기만 하는 사람을 보고

빈둥거리지 마.

- 빈둥거리지 말고 공부 좀 해라!
- 내 일은 내가 알아서 할 테니까 신경 꺼셔.

213위 마침내 꿈에 그리던 사람을 만났을 때

드디어 이상형을 만났어.

- 오늘 선봤는데, 드디어 이상형을 만났어.
- 정말? 어떤 사람이야? 키는? 잘 생겼어?

211위 He sido muy imprudente.

- Lo siento mucho. Todo ha sido por mi culpa.
  He sido muy imprudente.
- Está bien pero ten más cuidado la próxima vez.

212위 No estés ocioso.

- No estés ocioso y ponte a estudiar.
- De mis asuntos me encargo yo, así que deja de preocuparte.

213위 Por fin he encontrado a la persona ideal.

- Hoy me han presentado a alguien y por fin he encontrado a la persona ideal.
- ¿En serio? ¿Quién es? ¿Qué edad tiene? ¿Es alto? ¿Es guapo?

214위 서로 잘 통하는 친구들을 보고

쟤들은 단짝이야.

- 호세랑 훌리오는 만날 붙어 다니더라, 같이 밥 먹고, 같이 공부하고 같이 운동하고…….
- 응, 쟤들은 단짝이야, 항상 둘이 같이 하더라고.

215위 세 남녀 사이의 연애관계

삼각관계

- 까밀라랑 까시오, 다미안, 이렇게 셋이 삼각관계래.
- 정말? 어떻게 된 거야?

216위 남녀 사이에 서로 호감을 느꼈을 때

우린 서로 전기가 통했어.

- 듣자하니 너랑 너희 와이프랑 만난 지 한 달 만에 결혼했다며?
- 응, 우린 처음 보자마자 서로 전기가 통했어.

214위 Son uña y carne.

- José y Julio andan siempre juntos. Comen juntos, estudian juntos y hasta hacen deportes juntos.
- Sí, son uña y carne. Todo lo hacen juntos.

215위 Triángulo amoroso

- Dicen que Camila, Casio y Damián están en un triángulo amoroso.
- ¿De veras? ¿Cómo puede ser posible?

216위 Hubo una conexión.

- He escuchado que tú y tu esposa os casasteis al mes que os conocisteis.
- Sí, hubo una conexión a primera vista.

181–192
193–204
205–216
217–228
229–240

217위 - 228위

217위 죄송합니다만, 성함을 제대로 못 들었네요.

218위 계속 연락하고 지내자.

219위 나 요즘 걔랑 사귀어.

220위 한 귀로 듣고 한 귀로 흘려버려.

221위 어리광 부리지 마.

222위 시간 좀 내줄 수 있어요?

223위 버스는 이미 지나갔어.

224위 늦잠 잤어.

225위 잠깐 눈 좀 붙일게.

226위 잔돈 있으세요?

227위 우린 손발이 척척 맞아.

228위 내 나름대로는 열심히 했어.

217위 Disculpe, no pude escuchar bien su nombre.

218위 Estemos en contacto.

219위 Estoy saliendo con ella.

220위 Por un oído le entra y por el otro le sale.

221위 Déjate de chiquilladas.

222위 ¿Tiene tiempo?

223위 Agua pasada no mueve molino.

224위 Me quedé dormido.

225위 Voy a dormir un ratito.

226위 ¿Tiene cambio?

227위 Nos llevamos muy bien.

228위 Hice lo mejor de mi parte.

217위 전화통화 중 혹은 대화 중 잘 듣지 못했을 때

죄송합니다만, 성함을 제대로 못 들었네요.

- 죄송합니다만, 성함을 제대로 못 들었네요. 성함이…….
- 후안 에르난데스입니다.

218위 친구끼리 지속적인 교류 및 관계유지를 원하며

계속 연락하고 지내자.

- 이게 내 전화번호야, 계속 연락하고 지내자.
- 그래, 자주 연락할게.

219위 친구에게 교제하는 사람이 있다고 말할 때

나 요즘 걔랑 사귀어.

- 너 여자친구 생겼다며?
- 응, 바로 저번에 네가 봤던 앤데, 나 요즘 걔랑 사귀어.

217위 Disculpe, no pude escuchar bien su nombre.

- Disculpe, no pude escuchar bien su nombre.
  ¿Cuál es su nombre?
- Me llamo Juan Hernández.

218위 Estemos en contacto.

- Éste es el número de mi teléfono, estemos en contacto.
- Bueno, te llamaré seguido.

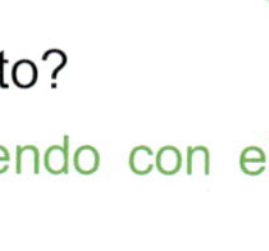

219위 Estoy saliendo con ella.

- Me enteré de que tienes nueva novia. ¿Es cierto?
- Sí, es la chica que viste la otra vez. Estoy saliendo con ella.

220위 남의 말을 귀담아듣지 아니한다는 말

한 귀로 듣고 한 귀로 흘려버려.

- 로렌조는 남의 의견을 전혀 듣질 않아.
- 그러게 말이야, 걔는 한 귀로 듣고 한 귀로 흘려버려.

221위 어른스럽지 못하게 행동할 때

어리광 부리지 마.

- 산띠아고 오빠, 나 이거 사줘. 안 사주면 삐질 거야.
- 어리광 부리지 마. 너 이러는 거 나한테 안 통해.

222위 짬을 내어주기를 원할 때

시간 좀 내줄 수 있어요?

- 지금 시간 좀 내줄 수 있어요?
- 너 먼저 휴게실에 가 있어, 나 전화 한 통 하고 갈게.

220위 Por un oído le entra y por el otro le sale.

- Lorenzo nunca escucha a los demás.
- Sí, por un oído le entra y por el otro le sale.

221위 Déjate de chiquilladas.

- Santiago, cómprame esto.
  Si no me lo compras, no te hablaré más.
- Déjate de chiquilladas. Conmigo no funciona eso.

222위 ¿Tiene tiempo?

- ¿Tiene tiempo ahora?
- Adelántate a la sala de descanso.
  Hago una llamada y allá te alcanzo.

223위 기회를 이미 놓쳤다는 말

버스는 이미 지나갔어.

- 너무 아쉽다! 그런 좋은 기회를 놓치다니.
- 버스는 이미 지나갔어, 더 이상 말해봤자 소용없어.

224위 아침 늦게까지 잠을 잤을 때

늦잠 잤어.

- 오늘 아침 왜 지각했어?
- 늦잠 잤어, 게다가 길이 엄청 막혔거든.

225위 피곤해서 잠깐 쉬고자 할 때

잠깐 눈 좀 붙일게.

- 너무 피곤해 보이네.
- 이틀 동안 잠을 못 잤거든, 잠깐 눈 좀 붙일게. 일 있으면 깨워 줘.

223위 Agua pasada no mueve molino.

- ¡Qué lástima que perdí la oportunidad!
- Agua pasada no mueve molino.
  Así que no sirve de nada estar recordándolo.

224위 Me quedé dormido.

- ¿Por qué has llegado tarde en la mañana?
- Me quedé dormido y además había mucho tráfico.

225위 Voy a dormir un ratito.

- Te veo muy cansado.
- Hace dos días que no duermo. Voy a dormir un ratito.
  Si hay algo que hacer, despiértame por favor.

226위 잔돈으로 바꾸고 싶을 때

잔돈 있으세요?

- 100유로를 바꿀 잔돈 있으세요?
- 10유로짜리 지폐로 원하세요, 아님 20유로짜리 지폐로요?

227위 호흡이 잘 맞는 사람끼리

우린 손발이 척척 맞아.

- 이번 판매 활동은 정말 성공적이었어, 너희 둘 덕분이야.
- 10년 넘게 같이 일하다 보니, 우린 손발이 척척 맞아.

228위 자신의 입장에서 최선을 다 했을 때

내 나름대로는 열심히 했어.

- 일의 성공 여부는 하늘의 뜻에 맡길래. 내 나름대로는 열심히 했어.
- 최선을 다 했으면 됐지, 실패해도 너를 나무라는 사람 없을 거야.

226위 ¿Tiene cambio?

- ¿Tiene cambio de un billete de 100 euros?
- ¿Quiere billetes de 10 euros o de 20 euros?

227위 Nos llevamos muy bien.

- El resultado de las últimas ventas ha sido genial.
  Todo ha sido gracias a vosotros.
- Como llevamos 10 años trabajando juntos, nos llevamos muy bien.

228위 Hice lo mejor de mi parte.

- El resultado está en las manos de Dios. Hice lo mejor de mi parte.
- Con que hayas hecho lo mejor de tu parte es más que suficiente.
  Nadie te va a regañar aunque no salgan bien las cosas.

229위 – 240위

229위 모르기는 나도 마찬가지야.

230위 너랑 상관없잖아!

231위 우릴 좀 도와주면 안 되겠니?

232위 너 반드시 후회하게 될 거야.

233위 괜한 사람 잡지 마.

234위 걔들 진짜로 사귀기로 한 거니?

235위 좀 깎아 주시겠어요?

236위 눈썰미 좋다.

237위 제가 생각했던 것보다 비싸요.

238위 너 스타킹 올이 나갔어.

239위 너 아직도 꽁해 있니?

240위 돈 엄청 벌었나 봐.

229위 Yo tampoco sé.

230위 No es asunto tuyo.

231위 ¿No podrías ayudarnos un poco?

232위 Te vas a arrepentir.

233위 Él no tiene nada que ver.

234위 ¿En verdad decidieron ser novios?

235위 ¿Me podría dar un descuento?

236위 ¡Qué buena memoria!

237위 Es más caro de lo que había imaginado.

238위 Tus medias están rasgadas.

239위 ¿Todavía guardas rencor?

240위 Parece que has ahorrado mucho dinero.

229위 상대방과 같이 나도 정확한 지식이 없을 때

모르기는 나도 마찬가지야.

- 이번 일은 정말 하나도 몰라, 어떻게 해야 돼?
- 모르기는 나도 마찬가지야, 다른 사람한테 물어보자.

230위 상관없는 일에 간섭하는 친구에게

너랑 상관없잖아!

- 너 아직도 빠꼬랑 화해 안 했어? 이제 좀 풀어.
- 너랑 상관없잖아! 내가 화해를 하던 안 하던!

231위 도움을 청할 때

우릴 좀 도와주면 안 되겠니?

- 이거 너의 도움이 필요한데 우릴 좀 도와주면 안 되겠니?
- 최선을 다해 볼게.

229위 Yo tampoco sé.

- La verdad que no sé nada de cómo hacer este trabajo. ¿Cómo se hace?
- Yo tampoco sé. Preguntemos a otra persona.

230위 No es asunto tuyo.

- ¿Aún no te has reconciliado con Paco? Ya deberías hacerlo.
- No es asunto tuyo si me reconcilio con él o no.

231위 ¿No podrías ayudarnos un poco?

- Necesitamos tu ayuda. ¿No podrías ayudarnos un poco?
- Muy bien. Trataré de hacerlo lo mejor posible.

232위 잘못된 결정을 내리려는 사람을 설득할 때

너 반드시 후회하게 될 거야.

- 난 이 일을 그만두기로 마음먹었어.
- 너 반드시 후회하게 될 거야. 더 잘 생각해 봐.

233위 잘 알지도 못하면서 공연한 행동을 할 때

괜한 사람 잡지 마.

- 넌 왜 또 기예르모 얘기를 하니? 괜한 사람 잡지 마.
- 근데 너도 분명히 봤잖아. 걔네들 같이 나가는 거.

234위 그들의 교제 사실이 궁금할 때

걔들 진짜로 사귀기로 한 거니?

- 호세랑 마리아랑 한 달 째 매일 데이트하고 있어.
- 정말? 걔들 진짜로 사귀기로 한 거니?

232위 Te vas a arrepentir.

- Ya he tomado la decisión de dejar este trabajo.
- Te vas a arrepentir. Piénsalo bien.

233위 Él no tiene nada que ver.

- ¿Por qué hablas otra vez de Guillermo?
  Él no tiene nada que ver.
- Pero tú también viste que salieron juntos.

234위 ¿En verdad decidieron ser novios?

- Hace un mes que José y María están saliendo a diario.
- ¿En serio? ¿En verdad decidieron ser novios?

235위 가격 할인을 원할 때

좀 깎아 주시겠어요?

- 맘에 드는데, 좀 깎아 주시겠어요?
- 죄송한데 이게 신상품이에요, 깎아 드릴 수 없어요.

236위 한두 번 보고 곧 그대로 해내는 재주를 보고

눈썰미 좋다.

- 이거 아까 이렇게 돼 있었는데? 언제 바뀌었지?
- 와! 너 눈썰미 좋다.

237위 예상했던 가격보다 비쌀 때

제가 생각했던 것보다 비싸요.

- 안녕하세요. 이 부엌가구 세트 판매 가격은 150 유로입니다.
- 네? 150 유로요? 괜찮긴 한데, 제가 생각했던 것보다 비싸요.

235위 ¿Me podría dar un descuento?

- Me gusta, ¿pero me podría dar un descuento?
- Lo siento. Esto es de la nueva temporada y no lo puedo rebajar.

236위 ¡Qué buena memoria!

- Esto no era así. ¿Cuándo lo habrán cambiado?
- ¡Qué buena memoria tienes!

237위 Es más caro de lo que había imaginado.

- Buenas tardes. Este juego de muebles para cocina cuesta 150 euros.
- ¿Cuánto? ¿150 euros? Pues está bonito pero es más caro de lo que había imaginado.

해설: 스페인어의 인사표현은 아침, 점심, 저녁에 따라 다르므로 시간대에 맞게 사용하면 된다.

238위 여성용 양말에 올이 나갔을 때

너 스타킹 올이 나갔어.

- 봐봐, 너 스타킹 올이 나갔어.
- 어떻게? 곧 회의 시작인데.

239위 상대방이 나에게 무슨 일을 잊지 못하고 속으로만 언짢고 서운하게 여기고 있을 때

너 아직도 꽁해 있니?

- 오래 전 일인데, 너 아직도 꽁해 있니?
- 아니야, 다 잊었어.

240위 전과 다르게 씀씀이가 는 사람에게

돈 엄청 벌었나 봐.

- 요즘 차도 사고 집도 사고 돈 엄청 벌었나 봐?
- 아무한테도 말하지 마, 사실 나 로또 당첨됐어.

238위 Tus medias están rasgadas.

- Mira, tus medias están rasgadas.
- ¿Qué hago? Ya está por empezar la reunión.

239위 ¿Todavía guardas rencor?

- Fue un problema de hace mucho tiempo. ¿Todavía guardas rencor?
- No, ya olvidé todo.

240위 Parece que has ahorrado mucho dinero.

- Últmamente has comprado coche y casa.
  Parece que has ahorrado mucho dinero.
- No se lo cuentes a nadie. Es que me gané la lotería.

241위 - 252위

241위 둘은 정말 많이 닮았어.

242위 두말하면 잔소리지!

243위 쇼하고 있네.

244위 바빠서 꼼짝도 못하겠어.

245위 겨우 짬 내서 문자 보낸 거야.

246위 수작 부리지 마!

247위 걘 백수야.

248위 나 화났으니까 말 붙이지마.

249위 질렸어!

250위 세상 살 맛이 안 나.

251위 너 죽을래?

252위 꼴도 보기 싫어!

241위 – 252위

241위 En verdad vosotros dos sois muy parecidos.

242위 No hace falta decirlo dos veces.

243위 No hagas un drama.

244위 Estoy tan ocupado que ni me puedo mover.

245위 Saqué tiempo a propósito para mandarte un mensaje de texto.

246위 No estarás tramando algo.

247위 Es un vago.

248위 Estoy muy enfadada, así que no me hables.

249위 Estoy harto.

250위 No tengo ganas de vivir.

251위 ¿Estás buscando problemas?

252위 No quiero ni verte.

241위 연인 또는 부부의 공통점이 많을 때

둘은 정말 많이 닮았어.

- 너도 고집 세고 그 사람도 고집 세고, 둘은 정말 많이 닮았어.
- 나도 알아. 근데 그거 칭찬이야, 욕이야?

242위 쓸데없이 자질구레한 말을 늘어놓을 필요 없이 만족스러울 때

두말하면 잔소리지!

- 네 담임선생님 수업이 진짜 재밌다면서? 정말 그래?
- 두말하면 잔소리지! 진짜 최고야!

243위 진정성 없는 행동을 하는 친구에게

쇼하고 있네.

- 미안해, 정말 미안해, 내가 잘못했어.
- 쇼하고 있네. 야, 됐어. 그만해.

241위 En verdad vosotros dos sois muy parecidos.

- Tú eres terca y él también.
  En verdad vosotros dos sois muy parecidos.
- Ya lo sé. ¿Pero me estás admirando o criticando?

242위 No hace falta decirlo dos veces.

- Dicen que la clase de tu maestro titular es muy divertida. ¿Es cierto?
- No hace falta decirlo dos veces.
  Realmente es buenísima la clase.

243위 No hagas un drama.

- Perdóname. De verdad lo siento. Yo tengo la culpa.
- No hagas un drama. Ya basta. Deja de actuar.

244위 너무 바빠서 잠시도 쉴 틈이 없을 때

바빠서 꼼짝도 못하겠어.

- 지금 시간 낼 수 있어? 할 말이 좀 있어.
- 저녁에 집에 가서 얘기 하면 안 될까?
  지금 바빠서 꼼짝도 못하겠어.

245위 바빠도 잊지 않고 연락했음을 강조할 때

겨우 짬 내서 문자 보낸 거야.

- 오늘 무슨 날이야? 웬일로 바쁘신 분이 나한테 연락을 다했어.
- 그렇게 정 없게 말할래? 겨우 짬 내서 문자 보낸 거야.

246위 얼렁뚱땅 넘어갈 생각하지 말라고 할 때

수작 부리지 마!

- 바른대로 말해, 수작 부리지 말고.
- 다 사실이라니까요. 제가 감히 속이겠습니까?

244위 Estoy tan ocupado que ni me puedo mover.

- ¿Tienes un poco de tiempo ahora? Tengo algo que decirte.
- ¿No podemos hablar cuando lleguemos a casa?
  Ahora estoy tan ocupado que ni me puedo mover.

245위 Saqué tiempo a propósito para mandarte un mensaje de texto.

- ¿Qué, hoy es un día especial?
  Tú que andas tan ocupado me llamas.
- No seas tan fría.
  Saqué tiempo a próposito para mandarte un mensaje de texto.

246위 No estarás tramando algo.

- Di la verdad y no estarás tramando algo.
- Es verdad todo lo que estoy diciendo.
  ¿Cómo me atrevería a engañarle?

247위 돈 한 푼 없이 놀고먹으며 빈둥거리는 사람을 가리켜

걘 백수야.

- 너 후아나 남자친구 알아? 뭐 하는 사람이야?
- 걘 백수야, 요즘 여기저기 일자리를 찾고 있는 것 같아.

248위 기분이 좋지 않으니 간섭하지 말라는 일종의 경고의 표현

나 화났으니까 말 붙이지마.

- 나 화났으니까 말 붙이지마.
- 아까 다들 농담한 것뿐이야. 그렇게 속 좁게 굴지 마.

249위 어떤 일이나 음식 따위에 싫증이 났을 때

질렸어!

- 정말 짜증나, 질렸어! 도대체 며칠째 이걸 먹으라는 거야?
- 오늘만 먹으면 돼. 그냥 먹어.

247위 Es un vago.

- ¿Conoces al novio de Juana? ¿A qué se dedica?
- Es un vago. Parece que anda buscando trabajo estos días.

248위 Estoy muy enfadada, así que no me hables.

- Estoy muy enfadada, así que no me hables.
- Solamente estábamos bromeando. No seas tan quisquillosa.

249위 Estoy harto.

- Estoy harto de comer esto tantas veces.
  ¿Cúantos días quieren que coma esto?
- Hoy es el último día. No pienses tanto y cómetelo.

241–252 | 253–264 | 265–276 | 277–288 | 289–300

250위 세상을 살아가는 재미나 의욕을 잃었을 때

세상 살 맛이 안 나.

- 왜 그래? 무슨 안 좋은 일이 있어?
- 빚이 자꾸만 늘어가. 정말 세상 살 맛이 안 나.

251위 상대편에게 으름장을 놓거나 상대편을 위협하는 말

너 죽을래?

- 듣자하니 너 내 뒷담화하고 다닌다며? 너 죽을래?
- 누가 그래? 말도 안 돼.

252위 얄미운 누군가가 몹시 보기 싫을 때

꼴도 보기 싫어!

- 꼴도 보기 싫어! 너를 볼 때마다 화가 나서 참을 수가 없어.
- 왜? 내가 뭘 잘못했는데?

250위 No tengo ganas de vivir.

- ¿Qué te pasa? ¿Te ha pasado algo malo?
- La deuda está creciendo. La verdad no tengo ganas de vivir.

251위 ¿Estás buscando problemas?

- He escuchado que hablas mal de mí a mis espaldas. ¿Estás buscando problemas?
- ¿Quién te lo dijo? No es cierto.

252위 No quiero ni verte.

- No quiero ni verte. Cada vez que te veo, no puedo soportar mi enfado.
- ¿Por qué? ¿Qué te hice mal?

241–252
253–264
265–276
277–288
289–300

253위 - 264위

253위 당근이지.

254위 요점만 말해!

255위 한 번만 봐주세요.

256위 불행 중 다행이구나.

257위 세월이 약이야.

258위 나 길치야.

259위 눈에 넣어도 안 아플 정도지.

260위 우리는 마음이 통하잖아.

261위 완전 구제불능이야.

262위 하는 일 없이 바빠.

263위 그런 뜻이 아냐.

264위 다이어트 한거야?

253위 Obvio.

254위 Ve al grano.

255위 Hágame el favor sólo esta vez.

256위 Menos mal.

257위 El tiempo lo cura todo.

258위 Soy malo para recordar las calles.

259위 Es como la niña de mis ojos.

260위 Nosotros sí nos entendemos.

261위 No tiene remedio.

262위 Estoy ocupado sin hacer nada.

263위 No me refería a eso.

264위 ¿Estás a dieta?

253위 당연하지 라는 표현

당근이지.

- 이 일이 좋아?
- 당근이지. 안 좋아하면 내가 왜 계속 여기 있겠니?

254위 너저분한 말은 생략하고 간단하게 듣고 싶을 때

요점만 말해!

- 헛소리 하지 말고 요점만 말해!
- 좋아. 저번 약속 나 못 지킬 것 같아.

255위 기회를 한 번만 더 달라는 표현

한 번만 봐주세요.

- 선생님, 한 번만 봐주세요. 이번 성적은 부모님께 알리지 말아 주세요
- 안 돼. 부모님도 아셔야지.

241–252
253–264
265–276
277–288
289–300

253위 Obvio.

- ¿Te agrada este trabajo?
- Obvio. ¿Si no me gustara, para qué seguiría aquí?

254위 Ve al grano.

- Déjate de rodeos y ve al grano.
- Vale. No creo poder cumplir con el compromiso de la vez pasada.

255위 Hágame el favor sólo esta vez.

- Maestro, hagáme el favor sólo esta vez.
  No les informe de mis últimas calificaciones a mis padres.
- No, tus padres deben enterarse.

256위 불행 가운데서 그나마 그만하면 다행

불행 중 다행이구나.

- 며칠 전에 나 교통사고 당했어.
- 정말? 야, 그만하길 다행이다. 정말 불행 중 다행이구나.

257위 아픈 기억 따위를 잊는 데는 시간이 필요하다는 표현

세월이 약이야.

- 헤어진 지 오래 됐는데, 난 아직도 그녀를 못 잊어.
- 세월이 약이야. 시간이 지나면 괜찮아질 거야.

258위 길눈이 어두운 사람

나 길치야.

- 너 거기 가 본 적 있지? 나 좀 데려다 줄래?
- 나 길치야. 가보긴 했어도, 어떻게 가야 할지 몰라.

256위 Menos mal.

- Hace unos días tuve un accidente de tráfico.
- ¿En serio? ¡Qué suerte que no te ha pasado algo peor! Menos mal.

257위 El tiempo lo cura todo.

- Aunque me separé de ella hace mucho tiempo, no la he podido olvidar.
- El tiempo lo cura todo. Con el tiempo la vas a olvidar.

258위 Soy malo para recordar las calles.

- ¿Has estado ahí, no? ¿Me podrías llevar ahí?
- Soy malo para recordar las calles.
  He ido ahí pero no me acuerdo cómo llegar.

259위 너무 귀엽고 사랑스럽다는 표현

눈에 넣어도 안 아플 정도지.

- 마르꼬, 네 아들 정말 사랑스럽다.
- 그치? 눈에 넣어도 안 아플 정도지. 정말 예뻐.

260위 호흡이 척척 맞는 사람끼리

우리는 마음이 통하잖아.

- 내 생각을 어떻게 알았어?
- 우리는 마음이 통하잖아.

261위 도움이나 충고 따위가 먹히지 않는 사람을 가리켜

완전 구제불능이야.

- 그는 완전 구제불능이야. 도박에서 손 뗀다고 해놓고 또 포커 치고 있네.
- 신경 꺼, 그는 타고난 노름꾼이야.

259위 Es como la niña de mis ojos.

- Marco, tu hijo es bien hermoso.
- ¿Verdad? Es como la niña de mis ojos. Es precioso.

260위 Nosotros sí nos entendemos.

- ¿Cómo supiste lo que pensaba?
- Porque nosotros sí nos entendemos.

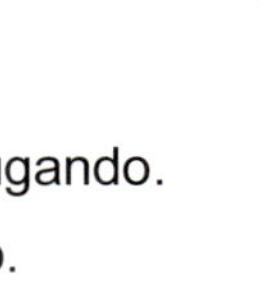

261위 No tiene remedio.

- Él no tiene remedio.
  Había prometido dejar el póquer y aún sigue jugando.
- Deja de preocuparte. De plano él es un vicioso.

262위 특별히 바쁜 것 같지 않으면서도 바쁠 때

하는 일 없이 바빠.

- 이제 좀 어때? 한가해?
- 글쎄, 하는 일 없이 바쁘네.

263위 자기가 의도한 바가 아니었을 때

그런 뜻이 아냐.

- 영화 보고 싶어? 내가 볼만한 DVD 사 줄게.
- 그런 뜻이 아냐. 난 너랑 같이 영화보고 싶다고.

264위 몰라보게 살이 빠진 사람을 봤을 때

다이어트 한거야?

- 살이 많이 빠졌어. 다이어트 한거야?
- 응. 지금 먹는 양을 줄이고 있어.

스페인 네이티브가 매일 쓰는 이 입말

이해할 수 있나요?

262위 Estoy ocupado sin hacer nada.

- ¿Qué tal ahora? ¿Ya estás más libre?
- Pues, estoy ocupado sin hacer nada.

263위 No me refería a eso.

- ¿Quieres ver alguna película? Te compro DVDs.
- No me refería a eso.
  Sí quiero ver una película, pero contigo.

264위 ¿Estás a dieta?

- Has bajado mucho de peso. ¿Estás a dieta?
- Sí, estoy reduciendo las porciones en las comidas.

265위 - 276위

265위 너무 서두르지 마.

266위 오늘 표정이 왜 그래?

267위 너무 기운 없어 보인다.

268위 엎어지면 코 닿을 데야.

269위 알레르기가 있어.

270위 난 전적으로 찬성이야.

271위 아직 초저녁이야.

272위 일정이 바뀌는 대로 연락주세요.

273위 오고 싶을 땐 언제든지 놀러 와.

274위 우린 만나자마자 마음이 통했어.

275위 이런 감정은 처음이야.

276위 소름이 쫙 끼쳤어.

265위	No vayas con tanta prisa.
266위	¿Por qué tienes esa cara hoy?
267위	Te noto muy cansado.
268위	Está a la mano.
269위	Soy alérgico.
270위	Estoy totalmente de acuerdo.
271위	Todavía es temprano.
272위	Si hay algún cambio en la agenda, avíseme por favor.
273위	Siempre eres bienvenida.
274위	Nos entendemos bien desde que nos conocimos.
275위	Es la primera vez que siento esto.
276위	Se me ponía la piel de gallina.

265위 급하게 바삐 움직이지 말라고 할 때

너무 서두르지 마.

- 엄마! 학교 다녀오겠습니다. 지각할 것 같아요.
- 그래도 너무 서두르지 마. 차 조심하고.

266위 상대의 안 좋은 안색을 보고 염려할 때

오늘 표정이 왜 그래?

- 오늘 표정이 왜 그래? 무슨 고민 있어?
- 걱정할 필요 없어. 나 혼자 있고 싶어.

267위 상대방이 힘이 없어 보일 때

너무 기운 없어 보인다.

- 너무 기운 없어 보인다. 어젯밤에 잠 못 잤어?
- 친구들이랑 밤새도록 놀았는데, 예전 같지 않게 너무 피곤하다

265위 No vayas con tanta prisa.

- Mamá, me voy al colegio. Voy a llegar tarde.
- Pero no vayas con tanta prisa. Ten cuidado con los coches.

266위 ¿Por qué tienes esa cara hoy?

- ¿Por qué tienes esa cara hoy? ¿Tienes alguna preocupación?
- Nada. No te preocupes. Quiero estar sola.

267위 Te noto muy cansado.

- Te noto muy cansado. ¿No dormiste bien anoche?
- Es que pasé la noche de tiro largo con mis amigos.
  Ya no soy el mismo de antes. Me siento muy cansado.

268위 매우 가까운 거리

엎어지면 코 닿을 데야.

- 너희 집 어디야? 여기서 멀어?
- 아니, 엎어지면 코 닿을 데야. 엄청 가까워.

269위 어떤 물질 등에 과민 반응을 일으키는 사람이

알레르기가 있어.

- 복숭아 먹고 싶다. 그치?
- 아니, 난 복숭아 알레르기가 있어.

270위 완벽하게 찬성할 때

난 전적으로 찬성이야.

- 동의할 거야? 의견 있으면 얘기해 봐.
- 난 전적으로 찬성이야. 이건 정말 완벽해.

241–252 | 253–264 | 265–276 | 277–288 | 289–300

268위 Está a la mano.

- ¿Dónde queda tu casa? ¿Está lejos de aquí?
- No, está a la mano. Está muy cerca.

269위 Soy alérgico.

- Tengo ganas de comer melocotones. ¿Tú, no?
- Yo no. Soy alérgico al melocotón.

270위 Estoy totalmente de acuerdo.

- ¿Estás de acuerdo? Si tienes algo que decir, dilo.
- Estoy totalmente de acuerdo. Esto es perfecto.

271위 귀가하기에 너무 이른 시간이라 느낄 때

아직 초저녁이야.

- 집에 가자, 너무 늦었어. 마실 만큼 마셨잖아.
- 너 정말 흥 깬다, 아직 초저녁이야. 근데 벌써 헤어지자구?

272위 작업일정, 변동 사항 등 통보를 원할 때

일정이 바뀌는 대로 연락주세요.

- 일정이 바뀌는 대로 연락주세요.
- 네, 알겠습니다. 변동사항이 생기면 알려드릴게요.

273위 언제든지 방문을 환영할 때

오고 싶을 땐 언제든지 놀러 와.

- 오늘 잘 놀다 가, 고마워.
- 뭘, 오고 싶을 땐 언제든지 놀러 와. 자주 와.

스페인 네이티브가 매일 쓰는 이 말
이해할 수 있나요?

271위 Todavía es temprano.

- Vamos a casa. Es muy tarde. Ya tomaste bastante.
- No seas aguafiestas, todavía es temprano.
  ¿Quieres que nos despidamos ya?

272위 Si hay algún cambio en la agenda, avíseme por favor.

- Si hay algún cambio en la agenda, avíseme por favor.
- Sí, claro. Si hay algún cambio, se lo haremos saber.

273위 Siempre eres bienvenida.

- Me la he pasado muy bien. Gracias.
- Por nada. Siempre eres bienvenida.
  Visítame más seguido.

274위 공통관심사 등이 많아 서로 대화가 잘 통할 때

우린 만나자마자 마음이 통했어.

- 마리오랑 친해?
- 그럼, 우린 며칠 전에 알았지만 만나자마자 마음이 통했어.

275위 사랑의 감정을 느낄 때

이런 감정은 처음이야.

- 어떡해! 심장이 터져버릴 것 같아. 이런 감정은 처음이야.
- 너, 사랑에 빠졌나 봐. 누구야?

276위 너무 무서운 것을 봤을 때

소름이 쫙 끼쳤어.

- 그 영화 봤어? 진짜 무섭다던데.
- 응, 볼 때 너무 무서워서 소름이 쫙 끼쳤어.

274위 Nos entendemos bien desde que nos conocimos.

- ¿Te llevas bien con Mario?
- Claro. Nos conocimos hace pocos días pero nos entendemos bien desde que nos conocimos.

275위 Es la primera vez que siento esto.

- ¿Qué hago? Mi corazón está a punto de explotar. Es la primera vez que siento esto.
- Parece que estás enamorada de alguien. ¿Quién es?

276위 Se me ponía la piel de gallina.

- ¿Has visto esa película? Dicen que da mucho miedo.
- Sí, mientras la veía, se me ponía la piel de gallina.

277위 – 288위

277위 비밀 지킬게.

278위 마음 씀씀이가 예쁘다.

279위 걔는 어디 가도 굶어 죽진 않겠어.

280위 다른 사람에게 떠넘기려고 하지 마.

281위 제발!

282위 내 말 좀 끝까지 들어줘.

283위 왜 헛소문을 퍼뜨리고 다녀?

284위 내 눈에 흙이 들어가기 전엔 안 돼.

285위 가위 바위 보로 정하자.

286위 정말 완벽하다!

287위 저리 가! 꺼져!

288위 두고 보자.

277위	Voy a guardar el secreto.
278위	¡Qué detallista es!
279위	Esté donde esté, de hambre no se va a morir.
280위	No quieras culpar a otros.
281위	Por favor.
282위	Escúchame hasta el final, por favor.
283위	¿Por qué haces correr rumores?
284위	Mientras yo viva, no se puede.
285위	Jugamos a piedra papel o tijera.
286위	¡Perfecto!
287위	Vete por allá. ¡Fuera!
288위	Veamos qué pasa.

277위 비밀을 지키겠다는 다짐을 할 때

비밀 지킬게.

- 이거 아무도 몰라, 절대 말하지 마.
- 알았어. 비밀 지킬게.

278위 상대방에 대한 마음 씀씀이가 너그러운 사람에게

마음 씀씀이가 예쁘다.

- 어쩜 이렇게 세심한 부분까지 신경 썼을까?
- 정말, 마음 씀씀이가 예쁘다.

279위 언제 어디에서나 적응이 뛰어난 사람을 보고

걔는 어디 가도 굶어 죽진 않겠어.

- 라사는 능력도 좋아, 자기가 번 돈으로 대학을 다녔데.
- 맞아, 정말 대단해, 걔는 어디 가도 굶어 죽진 않겠어.

241–252 | 253–264 | 265–276 | 277–288 | 289–300

277위 Voy a guardar el secreto.

- Nadie sabe esto. No se lo cuentes a nadie.
- De acuerdo. Voy a guardar el secreto.

278위 ¡Qué detallista es!

- ¿Cómo es posible que haya puesto tanta atención en los detalles?
- La verdad que sí. ¡Qué detallista es!

279위 Esté donde esté, de hambre no se va a morir.

- ¡Qué gran talento tiene Lisa!
  Dicen que cursó la universidad con el dinero que ganó.
- Sí, es increíble. Esté donde esté, de hambre no se va a morir.

280위 자기의 책임을 남에게 미루려 할 때

다른 사람에게 떠넘기려고 하지 마.

- 나에게만 책임이 있는 건 아니라고 봐.
- 다른 사람에게 떠넘기려고 하지 마. 네가 한 실수가 가장 커.

281위 간절히 바랄 때

제발!

- 이번에 꼭 도와줘, 안 그러면 난 죽어, 제발!
- 미안해, 나도 어쩔 수 없어.

282위 내 말을 상대방이 다 듣지 않고 자를 때

내 말 좀 끝까지 들어줘.

- 말 좀 자르지 마, 내 말 좀 끝까지 들어줘.
- 미안해, 계속 말해.

241–252 | 253–264 | 265–276 | 277–288 | 289–300

280위 No quieras culpar a otros.

- No creo que toda la culpa sea mía.
- No quieras culpar a otros. Tu error ha sido el más grande.

281위 Por favor.

- Ayúdame esta vez. Si no me ayudas, me muero, por favor.
- Lo siento. Tampoco puedo hacer nada.

282위 Escúchame hasta el final, por favor.

- No me interrumpas cada rato.
  Escúchame hasta el final, por favor.
- Perdón. Sigue hablando.

283위 터무니없는 소문을 들었을 때

왜 헛소문을 퍼뜨리고 다녀?

- 세상에 훌리오가 이번 사건 주인공이래.
- 말도 안 돼. 왜 헛소문을 퍼뜨리고 다녀?

284위 죽기 전에는 절대로 허락 할 수 없다는 표현

내 눈에 흙이 들어가기 전엔 안 돼.

- 그 놈이랑 결혼한다고? 내 눈에 흙이 들어가기 전엔 안 돼.
- 그 사람 아니면 저 시집 안 가요! 우린 절대 헤어질 수 없어요.

285위 어떤 결정을 할 때 (게임의 일종)

가위 바위 보로 정하자.

- 집에 와인 다 떨어졌어. 네가 빨리 가서 몇 병 사와라.
- 왜 만날 나야? 너는 한 번도 안 가? 이번에는 가위 바위 보로 정하자.

283위 ¿Por qué haces correr rumores?

- Por dios, dicen que Julio es el culpable de lo ocurrido.
- No puede ser. ¿Por qué haces correr rumores?

284위 Mientras yo viva, no se puede.

- ¿Dices que quieres casarte con él?
  Mientras yo viva, no se puede.
- Si no es él, no me voy a casar con nadie.
  De ninguna manera podrán separarnos.

285위 Jugamos a piedra papel o tijera.

- Ya no hay vino en casa. Ve a comprar unas botellas de vino.
- ¿Por qué siempre yo? ¡Tú nunca vas!
  Esta vez jugamos a piedra papel o tijera.

286위 뭐하나 흠잡을 데 없이 결함이 없이 완전한 것을 봤을 때

정말 완벽하다!

- 우리가 만든 크리스마스 장식 어때?
- 정말 완벽하다! 너무 예뻐.

287위 눈앞에 안 보이게 사라져 달라고 강력하게 요구할 때

저리 가! 꺼져!

- 나랑 놀러 간다고 약속 했잖아, 아직도 준비 안하고 뭐 해?
- 나 바쁜 거 안 보여? 저리 가! 꺼져! 귀찮다 정말.

288위 잊지 않고 마음에 새겨 꼭 이루겠다는 표현

두고 보자.

- 아무것도 못하면서 또 이번 경기에 참가했니?
- 사람 깔보지 마. 두고 보자, 나 이번엔 꼭 이길 거야.

286위 ¡Perfecto!

- ¿Qué tal la decoración del árbol de la navidad?
- ¡Perfecto! Está muy bonito.

287위 Vete por allá. ¡Fuera!

- Prometiste que hoy pasearíamos juntos y no te has preparado aún. ¿Qué haces?
- ¿No ves que estoy ocupado? Vete por allá. ¡Fuera! ¡Qué molestia!

288위 Veamos qué pasa.

- ¿Sin saber hacer nada, volviste a participar en la competencia?
- No subestimes a las personas. Veamos qué pasa. Esta vez voy a lograrlo.

241-252 | 253-264 | 265-276 | 277-288 | 289-300

289위 – 300위

289위 몸이 날아갈 것 같아.

290위 생각보다 별로인데…….

291위 넌 내 밥이야.

292위 이 싸가지 없는 녀석!

293위 쟤는 날라리야.

294위 저 사람은 너무 건방져.

295위 그는 뒤로 호박씨 깐다.

296위 모닝콜 부탁해.

297위 뭐 이런 놈이 다 있어?

298위 집 나가면 고생이다.

299위 남자는 여자 하기 나름이야.

300위 간덩이가 부었군.

289위 Me siento muy ligero.

290위 Esperaba algo mejor.

291위 Eres pan comido para mí.

292위 ¡Qué maleducado eres!

293위 Es un vividor.

294위 Esa persona es muy arrogante.

295위 Él habla mal de las personas a sus espaldas.

296위 Despiértame mañana por teléfono.

297위 ¿Qué clase de persona es él?

298위 Es duro estar fuera de casa.

299위 Tras el éxito de un hombre siempre hay una mujer.

300위 ¡Qué cara tiene!

289위 정신, 신체 건강상태가 매우 양호할 때

몸이 날아갈 것 같아.

- 휴가 잘 보냈어? 어땠어? 잘 보냈어?
- 몸이 날아갈 것 같아. 역시 휴가가 좋다!

290위 기대에 미치지 못했을 때

생각보다 별로 인데…….

- 아빠, 저 이번 시험에서 B+ 받았어요.
- 그래? 생각보다 별로 인데……. 난 네가 A+ 받을 줄 알았거든.

291위 넌 내 상대가 안 돼! 라는 표현

넌 내 밥이야.

- 나랑 붙고 싶다고? 됐어. 넌 내 밥이야. 내 적수가 안 된다고!
- 경기는 아직 시작도 안 했다. 두고 봐!

289위 Me siento muy ligero.

- ¿Pasaste bien las vacaciones? ¿Qué tal? ¿Cómo te fue?
- Me siento muy ligero. La verdad, sí es bueno tener vacaciones.

290위 Esperaba algo mejor.

- Papá, obtuve una B+ en este último examen.
- ¿Ah, sí? Esperaba algo mejor.
  Creí que te ibas a sacar una A+.

291위 Eres pan comido para mí.

- ¿Quieres competir conmigo? Eres pan comido para mí.
  No puedes competir conmigo.
- Aún no ha comenzado la competencia. Vamos a ver qué pasa.

292위 버릇없는 없는 행동을 하는 사람에게

이 싸가지 없는 녀석!

- 아저씨 뭔데? 왜 나한테 담배를 안 팔아?
- 이 싸가지 없는 녀석! 어른한테 이게 무슨 말버릇이야?

293위 언행이 어설프고 들떠서 미덥지 못한 사람을 낮잡아 얘기할 때

쟤는 날라리야.

- 마르띤은 뭐하는 사람이야? 이 근처에서 싸돌아다니는 걸 자주 봤거든.
- 쟤는 날라리야. 만날 놀기만 하고 제대로 된 직업도 없어.

294위 젠체하며 지나치게 주제 넘는 사람을 일컬어

저 사람은 너무 건방져.

- 저 사람은 너무 건방져. 무서운 게 없나봐.
- 그러게. 언젠가 손해 볼 날이 있을 거야.

292위 ¡Qué maleducado eres!

- ¿Quién se cree usted como para no venderme cigarrillos?
- ¡Qué maleducado eres!
  ¿Cómo le faltas al respeto a los mayores?

293위 Es un vividor.

- ¿A qué se dedica Martín?
  Pues lo he visto muy seguido dando vueltas por acá.
- Es un vividor. Todos los días se va de parranda y ni siquiera tiene un oficio formal.

294위 Esa persona es muy arrogante.

- Esa persona es muy arrogante. Parece no temerle a nada.
- Sí, algún día va a salir perdiendo por su carácter.

295위 안 그런 척 내숭을 떨 때

그는 뒤로 호박씨 깐다.

- 너, 아돌프 조심해. 그는 뒤로 호박씨 깐다.
- 설마! 걔 정말 그런 사람이야? 그럼 앞으로 조심해야겠다.

296위 아침에 깨워달라고 부탁할 때

모닝콜 부탁해.

- 나 내일 일찍 나가야 해. 모닝콜 부탁해.
- 알았어. 일찍 일어나려면 어서 자. 내일 깨워줄게.

297위 상식밖에 행동을 하는 사람을 보고

뭐 이런 놈이 다 있어?

- 뭐 이런 놈이 다 있어? 3시간이나 기다렸는데 안 왔어.
- 정말? 앞으로는 상대도 하지 마. 진짜 못됐다.

스페인 네이티브가 매일 쓰는 이 입말

이해할 수 있나요?

295위 Él habla mal de las personas a sus espaldas.

- Ten cuidado con Adolfo porque él habla mal de las personas a sus espaldas.
- ¿Seguro que él es así? Pues entonces hay que tener cuidado con él.

296위 Despiértame mañana por teléfono.

- Mañana tengo que salir temprano. Despiértame mañana por teléfono.
- De acuerdo. Acuéstate para que te levantes temprano. Te despierto mañana.

297위 ¿Qué clase de persona es él?

- ¿Qué clase de persona es él? Lo he esperado tres horas pero me dejó plantado.
- ¿De veras? De ahora en adelante deja de tratarlo. ¡Qué mala persona es!

298위 집을 떠나서는 몸과 마음이 편하지 않다는 말

집 나가면 고생이다.

- 이번 여행은 재미있었지만 정말 힘들었어.
- 그래, 역시 집 나가면 고생이다. 집이 최고다 진짜.

299위 남자의 성공은 여자의 노력 여하에 달려있다는 말을 할 때

남자는 여자 하기 나름이야.

- 그의 성공에는 그분 부인의 내조를 빼놓을 수가 없어. 그녀 없이 그가 그렇게 중요한 위치에 있을 순 없었을 거야.
- 역시 남자는 여자 하기 나름이야.

300위 겁이 없는 모양을 일컬어

간덩이가 부었군.

- 저 여자 지난번에 그러고, 어떻게 또 여길 올 수 있지?
- 간덩이가 부었군, 저 여자 쫓아버려!

298위 Es duro estar fuera de casa.

- El viaje de esta vez estuvo genial pero también desgastante.
- Sí, es duro estar fuera de casa. La casa es lo mejor.

299위 Tras el éxito de un hombre siempre hay una mujer.

- Al hablar de su éxito no podemos ignorar el trabajo que ha hecho su esposa. No habría sido posible que esté en ese lugar sin el apoyo de su esposa.
- Tras el éxito de un hombre siempre hay una mujer.

300위 ¡Qué cara tiene!

- Teniendo en cuenta lo que hizo la vez pasada, ¿cómo puede volver aquí esa mujer?
- ¡Qué cara tiene! Sácala de aquí.

색인

가

나

다

마

아

자